VIE ABRÉGÉE

DE

FRANÇOIS DE SALES

ÉVÊQUE ET PRINCE DE GENÈVE

DOCTEUR DE L'ÉGLISE UNIVERSELLE

PAR

LE CHANOINE NESTOR ALBERT

AUMÔNIER DES R^{ses} SŒURS DE St-JOSEPH, À POITIERS

AUTEUR DE LA *Somme Ascétique de S. François de Sales*

APPROUVÉ ET RECOMMANDÉ PAR S. G. Mgr MACNIN, ÉVÊQUE D'AMIENS

ET S. G. Mgr PIE, ÉVÊQUE DE POITIERS.

OUDIN FRÈRES, LIBRAIRES-ÉDITEURS

PARIS | POITIERS

RUE BONAPARTE, 51. | 4, RUE DE L'ÉPERON.

1878

VIE ABRÉGÉE

DE

SAINT FRANÇOIS DE SALES

VIE ABRÉGÉE

DE

SAINT FRANÇOIS DE SALES

ÉVÊQUE ET PRINCE DE GENÈVE

DOCTEUR DE L'ÉGLISE UNIVERSELLE

PAR

Le Chanoine Nestor ALBERT

AUMONIER DES R^{des} SŒURS DE S.-JOSEPH, A ANNECY

AUTEUR DE LA *Somme Ascétique de S. François de Sales.*

———————

APPROUVÉ ET RECOMMANDÉ PAR S. G. Mgr MAGNIN, ÉVÊQUE D'ANNECY

ET S. G. Mgr PIE, ÉVÊQUE DE POITIERS.

H. OUDIN FRÈRES, LIBRAIRES-ÉDITEURS

<table>
<tr><td>PARIS</td><td>POITIERS</td></tr>
<tr><td>51, RUE BONAPARTE, 51.</td><td>4, RUE DE L'ÉPERON, 4.</td></tr>
</table>

1878

A SA GRANDEUR MONSEIGNEUR MAGNIN,

ÉVÊQUE D'ANNECY.

MONSEIGNEUR,

Il y a une année à pareil jour, Pie IX, d'immortelle et sainte mémoire, proclamait Docteur de l'Église universelle Saint François de Sales, Votre illustre Prédécesseur ; et voilà qu'aujourd'hui la Savoie et la France, particulièrement heureuses de cet événement, sont à la veille de s'ébranler pour venir dans Votre ville épiscopale remercier Dieu d'un si grand bienfait et vénérer le Saint que la main du Pontife infaillible a placé, comme une lumière éclatante, sur le candélabre de l'Église.

Quand approche la fête d'un père, tous ses enfants peuvent s'aider à en faire les apprêts. Au dernier d'entre eux lui-même il est permis, il est commandé de revendiquer sa part de cette tâche toute filiale. C'est à ce titre que, profitant d'études commencées depuis plusieurs années, j'ai recueilli des Œuvres de notre Docteur et de la vie de notre Saint ce qui m'a paru le plus exquis et le plus édifiant pour en composer deux modestes volumes : la Somme Ascétique et la Vie abrégée de Saint François de Sales, heureux de mettre ainsi à la portée de tous, les trésors trop souvent enfouis de sa doctrine et le spectacle souvent caché de ses admirables vertus.

Au milieu de ces études que je n'appellerai point des travaux, tant elles sont petites et tant elles m'étaient douces , j'ai reçu des encouragements précieux que jamais je n'eusse osé espérer. Toutefois, il ne m'en est point arrivé d'aussi paternels que ceux qu'a daigné m'adresser Votre Grandeur. En vous dédiant cette Vie de Saint François de Sales, je ne fais donc, Monseigneur, que déposer à Vos pieds le tribut de ma vive reconnaissance.

Qui , d'ailleurs , s'intéresse plus que Vous à la gloire de notre illustre Patron ? Héritier de ses vertus , comme de sa houlette pastorale , que de pages vous avez ajoutées aux Annales salésiennes ! C'est à Vous qu'en 1865 et 67 nous avons dû les solennités qui ont marqué les anniversaires de la canonisation de Saint François et de son héroïque fille, Sainte Jeanne-Françoise de Chantal. C'est à Vous, en bonne partie, que nous sommes redevables du Doctorat qui vient de se proclamer ; et si de l'auréole doctorale de notre Saint il se répand dans les âmes des flots de lumière et de vie, Vous aurez une large part du succès, comme déjà, par Votre Histoire de l'établissement de la Réforme à Genève, Vous avez rendu un grand service à l'Église dans sa lutte contre le protestantisme. Et ne sera-ce pas encore à Votre amour de Saint François de Sales que nous devrons l'éclat des fêtes dont l'aurore commence à poindre à l'horizon d'Annecy ? Pourrais-je donc mieux faire pour *le succès de ces faibles pages, que de les abriter sous le patronage de Votre Grandeur ?*

Oui, Monseigneur, que Votre main bénisse ce fruit de ma piété filiale, qu'elle le présente elle-même à Saint François de Sales, et, couvert d'une double bénédiction, ce petit livre ne sera pas, j'en suis sûr, complétement inutile au salut des âmes, unique récompense que j'ambitionne.

J'ai l'honneur d'être, avec le plus profond respect,

MONSEIGNEUR,

de Votre Grandeur,
le très-humble, très-obéissant et très-affectueux fils en Jésus-Christ,

N. ALBERT.

Annecy, 19 juillet 1878, *fête de saint Vincent de Paul.*

APPROBATION DE S. G. MONSEIGNEUR MAGNIN,

ÉVÊQUE D'ANNECY.

ÉVÊCHÉ
D'ANNECY.
—

MONSIEUR LE CHANOINE,

Une nouvelle *Vie abrégée de saint François de Sales* n'était point une œuvre superflue. Même après tout ce qu'ont écrit sur ce Saint tant de plumes habiles et autorisées, il était à désirer qu'à l'occasion de son Doctorat, un ouvrage moyen vînt se placer entre les simples *Notices* et les *Vies* développées d'Hamon et de Pérennès, répondant comme celles-ci aux exigences de notre siècle en matière historique, et restant comme celles-là d'un prix accessible à tous les lecteurs.

Il est vrai, ce travail était loin de ne présenter aucune difficulté. Être court et succinct, tout en étant clair, complet et intéressant ; paraître neuf et avoir un cachet d'actualité, en traçant une existence si connue que celle du grand évêque de Genève, ce n'était pas un problème si facile à résoudre.

Ce problème, mon cher Chanoine, vous en avez trouvé la solution. Si votre *Somme Ascétique de saint François de Sales* a mérité, dès sa publication, les suffrages les plus éloquents et l'accueil le plus flatteur, votre *Vie abrégée* n'est point indigne de sa sœur aînée.

Vos pages sont une petite mais excellente photographie de saint François de Sales, comme ce Saint fut lui-même une des plus fidèles images de Notre-Seigneur Jésus-Christ. Vous montrez votre héros dans sa vie publique, mais sans oublier sa vie privée et intime. Pas un des faits saillants de cette existence si pleine, pas une des vertus de ce cœur tout séraphique, qui ne trouve sa place, avec de sages proportions, dans votre cadre si bien tracé, dans votre peinture si bien réussie. Une délicatesse qui, à mes yeux, donne beaucoup de valeur à votre tableau, c'est que vous empruntez très-souvent soit le pinceau du Saint, soit celui de ses contemporains, comme l'indiquent les citations qui émaillent vos pages et les sources auxquelles vous renvoyez. Votre récit devait être rapide : il l'est, en effet ; mais vous avez su le semer de traits charmants, de détails piquants, d'extraits lumineux, de bonnes réflexions. Votre style est clair ; il est élégant, mais simple et sans recherche. Enfin, je vois avec plaisir que cette *Vie* se vend au prix le plus modeste possible. Qui reculerait devant une si minime dépense pour se procurer un livre vraiment plein de richesses ?

Puisse ce précieux travail se trouver entre les mains de tous, du pauvre comme du riche, du laboureur comme du lettré, de la jeunesse comme de l'âge mûr, de l'homme et de la femme du monde, comme du prêtre et de la religieuse !

† C.-Marie , *évêque d'Annecy.*

Annecy, le 1er août 1878.

APPROBATION DE S. G. MONSEIGNEUR PIE,

ÉVÊQUE DE POITIERS

Il importait qu'à l'occasion du nouveau titre de gloire conféré au saint évêque de Genève, une *Vie abrégée*, et pourtant complète, pût être mise à la disposition des fidèles désireux de s'associer au triomphe du saint Docteur.

L'œuvre de M. l'abbé Albert nous a paru satisfaire à ce besoin ; et, sur le rapport avantageux qui nous a été présenté, nous en autorisons l'impression et nous en recommandons la lecture.

† L.-É., *év. de Poitiers.*

Poitiers, le 3 août 1878.

PRÉFACE

Pourquoi une nouvelle *Vie de saint François de Sales ?* N'en est-il pas cent autres justement appréciées ?

Nous nous sommes posé nous-même bien des fois cette question, avant de publier ce petit travail. Mais, plus nous avons lu ce que nous avons pu trouver sur le saint Docteur, plus il nous a semblé qu'il manquait une spécialité à l'ensemble de ses biographies.

Aux *Vies* étendues, écrites par nos maîtres, nous laissons l'honneur de donner de notre Saint une peinture qui fasse ressortir, en détail, tous les traits de sa noble physionomie. Nous ne prétendons pas non plus donner un de ces pastels élégants dont une main habile a récemment réalisé l'idéal.

Notre but, à nous, pour l'indiquer en trois mots, c'est de condenser la vie complète de notre héros dans un volume à la portée de tous, de la présenter avec une netteté nouvelle, étant aussi méthodique qu'on peut l'être dans une histoire, et, en même temps, de nourrir assez le récit de citations et d'autorités, pour qu'il puisse satisfaire à toutes les exigences de la critique. Là sera tout notre mérite, si nous en avons un.

L'occasion de publier ce petit livre nous a paru naturellement imposée par la proclamation du Doctorat. Après avoir essayé, dans la *Somme ascétique de saint François de Sales*, de montrer la science éminente du Docteur savoisien, il nous restait à faire connaître combien merveilleusement il a réalisé la seconde condition exigée par les saints canons pour le Doctorat : l'insigne sainteté de vie. Au reste, la vie du Bienheureux, n'est-ce pas sa doctrine vivante ? N'est-ce pas aussi sa doctrine écrite avec les caractères les plus lisibles pour tous ?

Heureux si, présentant cette grande vie d'une manière nouvelle et sur l'invitation que l'Église elle-même semblait nous adresser, nous ouvrons au plus aimable des Saints quelques avenues encore fermées jusqu'à ce jour !

VIE ABRÉGÉE

DE

SAINT FRANÇOIS DE SALES

ÉVÊQUE ET PRINCE DE GENÈVE
DOCTEUR DE L'ÉGLISE UNIVERSELLE.

CHAPITRE I.

DE LA NAISSANCE DE SAINT FRANÇOIS DE SALES AU COMMENCEMENT DE SA MISSION EN CHABLAIS.

(1567-1594)

I. Origine, naissance et première éducation de saint François de Sales. — II. Ses études à La Roche et au collége d'Annecy. — III. Son séjour à Paris : ses progrès dans les sciences et la piété ; rude tentation dont il triomphe ; sa bonté pour ses frères. — IV. Son départ pour l'Université de Padoue ; ses études, son règlement de vie, ses épreuves, ses succès, son voyage en Italie. — V. Portrait de François à son retour chez ses parents. Il devient avocat. Il refuse le Sénat et de brillants partis. — VI. Son entrée dans l'état ecclésiastique. Son début dans le saint ministère. Pèlerinage à Aix, en Savoie.

1.

Saint François de Sales naquit au château de Sales, paroisse de Thorens, à trois lieues d'Annecy. Son père, François, seigneur de Nouvelles, représentait dignement une famille féodale dont l'origine remonte à l'an 1000 [1]. Françoise de Sionnaz, son épouse, lui apporta en dot la riche seigneurie de Boisy, à la condition qu'il en prendrait le nom. M. de Boisy était un homme de foi : il abhorrait la religion protestante, parce que, disait-il, elle était sortie du cerveau de quelques hommes corrompus, et qu'il avait douze ans de plus qu'elle [2]. Madame de Boisy, type de la femme chrétienne, ne vivait que pour le bonheur de sa maison. Devenue mère après six ans de mariage, elle vint à Annecy se prosterner devant le Saint-Suaire, dans la collégiale de Notre-Dame, pour consacrer à Jésus-Christ l'enfant qu'elle portait dans son sein. Heureuse consécration qui fit de la nouvelle Anne la mère d'un nouveau Samuel !

Cet enfant de bénédiction vit le jour, le 21 août 1567, dans une chambre dite alors de *Saint-François d'Assise*, et aujourd'hui convertie en chapelle. Venu au monde dès le septième mois après sa conception, il fut d'abord si délicat que, durant une année, on dut le tenir dans du coton. On le baptisa néanmoins le lendemain de sa naissance dans l'église paroissiale de Thorens, et on l'appela *François-Bonaventure*.

1. Cette illustre famille est donc aussi ancienne que la dynastie de Savoie, fondée vers l'an 1000, par Humbert-aux-Blanches-Mains. De cette époque jusqu'à nos jours, la Maison de Savoie et celle de Sales ont formé comme deux chaînes parallèles, avec cette différence que l'une de ces chaînes, celle formée par les de Sales, n'a que 25 anneaux, tandis que l'autre en compte 39 : 17 comtes, 14 ducs et 8 rois.

2. Déposition de sainte Jeanne-Françoise de Chantal, art. 1, édition Plon, 1876.

Dès l'âge le plus tendre, François eut de merveilleux instincts de piété et de compassion pour les pauvres. A peine sut-il articuler quelques mots qu'il dit un jour, à la surprise de tous : « Le bon Dieu et ma mère m'aiment bien[1]. » Néanmoins, sachant combien tendre est l'âme d'un enfant, madame de Boisy le tint éloigné de tout contact dangereux, et, pour l'aguerrir, lui retrancha une à une les délicatesses qu'avait d'abord réclamées sa santé débile. Lui échappait-il une faute, elle lui infligeait une correction, sans prêter l'oreille à une fausse tendresse. A quatre ou cinq ans, il lui arriva de prendre une aiguillette de soie verte fixée à la veste d'un ouvrier. Il vint bientôt avouer cette faiblesse, en pleurant, aux pieds de son père; mais M. de Boisy ne laissa pas pour autant de lui donner le fouet en présence de toute la maison. Voyant dans la religion le seul arome qui conserve et parfume le cœur, ses parents lui apprirent de bonne heure la prière et le catéchisme, ce livre d'or qu'on ne saurait trop goûter. Le petit François accueillait ces enseignements avec un esprit vif et docile. Il les traduisait dans sa conduite, reflet de la modestie et de la piété des anges. Il les répétait à ses compagnons de jeu dans les oratoires qu'il aimait à dresser, et quelquefois dans l'église de Thorens, autour des fonts baptismaux, « le lieu du monde, leur « disait-il, qui doit nous être le plus cher, parce que « c'est là que nous avons été faits enfants de Dieu[2]. »

1. Hamon, l. I, ch. 1, édition Lecoffre 1875. — 2. Ibid.

— 4 —

II.

Conduit, dès l'âge de six ans, au collége de La Roche, François sut bientôt lire et écrire ; il apprit rapidement la grammaire française, et s'initia de même au latin. Plusieurs gentilshommes des environs amenaient leurs enfants le contempler, comme un ange terrestre. Aussi fut-ce un deuil pour La Roche quand, au bout de deux ans, son père le reprit pour le mettre au collége d'Annecy.

François fréquenta cinq ans le collége chappuisien. Là, dit naïvement Charles-Auguste, « quand il « commençait de tourner les mots de français en « latin, on a remarqué qu'il demeurait quelquefois « une heure entière à bien coucher quatre ou cinq « périodes. Jamais il ne se fâchait des longues leçons; « il faisait des recueils et des petits livres manuels « des plus belles sentences qu'il lisait ou qu'il en- « tendait dire [1]. » On l'entoura bientôt d'une sorte de vénération, au point que ses condisciples s'écriaient à son approche : « Soyons sages ! voici le saint ! » Il y avait tant de modestie dans sa personne, tant de sagesse sur ses lèvres, tant de bonté dans son cœur, tant d'économie dans l'emploi de ses heures, bien que sa riche nature lui assurât d'avance la plupart des lauriers ! La lecture de la *Vie des Saints* faisait dès lors ses plus chères délices. « Lorsque ses compa-

1. Liv. 1. Page 5, édition de 1634.

« gnons allaient à l'ébat, sur le soir, dit sainte J.-F.
« de Chantal [1], il demeurait au logis, et invitait la
« dame chez laquelle il était en pension à entendre la
« lecture de la *Vie des Saints*, en lui disant : *Ma tante,*
« j'ai bien quelque chose de bon à vous dire. » Ainsi
se préparait-il à écrire un jour cette gracieuse pensée :
« Il n'y a non plus de différence entre l'Évangile
« écrit et la *Vie des Saints* qu'entre une musique
« notée et une musique chantée [2]. »

A dix ans, il fit sa première communion dans l'église
des Dominicains, aujourd'hui Saint-Maurice, et y
reçut la confirmation, le même jour, de son évêque,
Ange-Justiniani, qui déjà l'avait appelé *l'ange visible
de la patrie*. Dès lors, son âme séraphique n'eut
qu'une pensée : se consacrer à Dieu dans le sacerdoce. Aussi vint-il, le 20 septembre 1578, à Clermont
(Genevois), recevoir des mains de l'évêque de Ba-
gneray la tonsure, ce noble emblème de la couronne
d'épines de Jésus-Christ, du diadème des élus et de
la perfection cléricale.

III.

Ses humanités terminées, le jeune François partit
pour l'université de Paris, alors la mère des belles-
lettres. Son père l'avait placé, sur ses instances, au

1. Dép. Ste J.-F. de Chantal. art. 4.
2. Œuvres complètes, édition Vivès 1866. T. V, p. 507. C'est
cette édition que nous citerons dans le cours de ces pages, comme
choisie entre toutes pour être envoyée à Rome lors du procès du
Doctorat de Saint-François.

collége de Clermont ou des P. Jésuites, auxquels la préférence du Saint vaut toute une apologie. Un prêtre pieux et instruit, l'abbé Déage, natif de Cornier , l'accompagnait en qualité de gouverneur. Afin d'avoir la force d'éviter toute souillure dans la cité qui, déjà alors, était le centre du mal comme celui du bien, il prit pour devise ces belles et prophétiques paroles : « *Non excidet*, il ne dégénérera pas [1]. »

Des six années qu'il passa dans la capitale de la France, François de Sales en consacra deux à la rhétorique et au grec, et quatre à la philosophie. Pour obéir à son père, il prit quelques leçons de danse, de gymnastique et d'équitation, exercices fort en honneur alors, surtout parmi les gentilshommes. A partir de la troisième année, il donna trois heures chaque jour à la théologie. Il suivit même le cours d'Écriture Sainte et d'hébreu, sous la direction de Maldonat et de Génébrard, cet infatigable Bénédictin qui, pendant treize ans, étudia quatorze heures par jour.

Toutefois, son étude la plus chère était celle du Cœur de Jésus : chaque jour il en reproduisait de mieux en mieux la douceur et l'humilité. Dans chacune de ses journées trouvaient place une heure de méditation, la lecture spirituelle, la visite au Saint-Sacrement et à quelque sanctuaire de Marie, sa Mère bien-aimée. Chaque semaine, il s'approchait des sacrements, jeûnait et portait le cilice les mercredi, ven-

1. Pérennès, l. I, V.

dredi et samedi. « Son précepteur, dit sainte Jeanne de
« Chantal, ne lui fit oncques aucun châtiment, sinon
« un soufflet ou repoussement, parce qu'il s'employait
« à obtenir pardon pour un de ses compagnons, et
« alors ce saint jeune homme se retira en paix sans
« plainte [1]. » Aussi la Congrégation de la Sainte-
Vierge lui confia-t-elle la charge de préfet, et souvent
on disait en le voyant : « Voici l'ange du collége[2] ! »

Le croirait-on, si l'on ne savait que toujours la couronne céleste doit être le prix d'une lutte vaillante?
à une âme si pure le démon osa livrer un combat
affreux. « Tu seras damné, » lui crie-t-il. L'*ange du collége* s'imagina n'être pas en état de grâce avec Dieu ; il
se crut condamné à maudire éternellement l'éternelle
Beauté. Comme un brouillard épais enveloppe la
terre d'un voile obscur, cette obsession le plonge
dans le noir, la tristesse, le désespoir. Il ne peut ni
manger, ni boire, ni dormir. Il dépérit à vue d'œil.
Maigre et jaune *comme de cire*, selon l'expression
de sainte Jeanne de Chantal [3], il ne peut que s'é-
crier, les yeux pleins de larmes : « O Beauté éter-
« nelle, ô Marie, je ne vous verrai donc jamais !! » Il
cherche à pénétrer, avec saint Augustin et saint Thomas, l'insondable mystère de la prédestination ; mais
ses angoisses ne font qu'augmenter. Ce qui le désole le
plus dans la peur de l'enfer, c'est la pensée qu'on n'y
aime pas Dieu et qu'on le blasphème. « O amour ! ô
« charité ! ô beauté à laquelle j'ai voué toutes mes

1. Dép., art. 4. — 2. Hamon, page 39. — 3. Dépos. art. 4.

« 'mes affections ! s'écrie-t-il , je ne jouirai donc
« point de vos délices ! je ne serai point enivré de
« l'abondance de votre maison !... O Marie, je ne
« vous verrai donc point dans le royaume de votre
« Fils !... Ah ! quoi qu'il en soit, Seigneur, que je
« vous aime au moins dans cette vie, si je ne puis
« vous aimer dans l'autre, puisque personne ne vous
« loue en enfer [1]. » Touché de ce cri sublime de
l'amour désintéressé, comme autrefois de la résignation de Job, Dieu va mettre un terme à l'horrible
tentation qui, depuis six semaines, assiége jour et
nuit le saint jeune homme. François, revenant du
collége, se sent un jour pressé d'entrer dans l'église
de Saint-Étienne des Grès. Là, à genoux devant la statue
de Marie, il voit sur une tablette le *Memorare* ; il le
récite, fondant en larmes, et le récite encore ; il fait
vœu de chasteté perpétuelle ; il promet que, s'il re-
couvre la paix, il dira chaque jour le chapelet en
action de grâces. Aussitôt il sent comme une croûte
de lèpre se détacher de son corps. C'en est fait : son
âme, rassérénée , sort de l'épreuve, comme l'or du
creuset, comme le soleil du nuage, plus pure et plus ra-
dieuse que jamais. Fidèle à sa promesse, François, dit
la Mère de Chantal, « portait son chapelet en sa cein-
« ture pour marque qu'il était serviteur de Notre-Dame ;
« il a persévéré jusqu'à la mort de le dire, employant
« une heure à cela, car il méditait en le disant [2]. »

Après ce mémorable événement, François fit plus
que jamais de rapides progrès dans la science et la vertu.

1. Charles August., page 11. — 2. Dép., art. 5.

A dix-neuf ans, il était un littérateur, un philosophe, un théologien, mais surtout un grand chrétien. Avec quelle tendresse inexprimable ses parents le reçurent, à son retour de Paris, au château de Brens, qu'ils habitaient depuis un certain nombre d'années !

Ce serait ici le moment de faire connaissance avec l'admirable famille de Sales. François eut sept frères et cinq sœurs. De celles-ci, une seule, Gasparde, franchit les limites du jeune âge : elle devint madame de Cornillon. Mais il n'en fut pas de même de ses frères. Si Melchior et Jean moururent jeunes, Gallois, marié à Jeanne du Frénois, devint seigneur de Boisy, Groisy et Villaroget ; Louis, comte de Sales, fut le père de l'évêque Charles-Auguste, et survécut trente-deux ans à son saint frère ; Jean-François devait succéder à François sur le siége de Genève ; à Bernard, baron de Thorens, était réservée la main d'Aimée de Chantal ; enfin, Janus devait être chevalier de Malte. Si variées que fussent les nuances de caractères dans cette nombreuse famille, François exerçait sur tous ses frères cet empire souverain que donne la bonté. Louis était cependant son préféré. « Louis, Jean-François et « moi, disait-il quelquefois, nous pourrions faire à « nous trois l'apprêt d'une bonne salade : Jean- « François ferait le bon vinaigre, tant il est fort ; « Louis, le sel, tant il est sage, et le pauvre François « est un bon gros garçon qui ferait l'huile, tant il « estime la douceur chrétienne [1]. »

1. Pérennès, l. I, VI.

IV.

Combien M. de Boisy eût aimé à garder près de lui un fils si accompli ! Mais, s'inspirant de pensées plus élevées, il l'envoya bientôt, toujours avec l'abbé Déage, faire son cours de droit à l'université de Padoue, si célèbre dans toute l'Europe. François s'y prescrivit huit heures d'étude par jour. Il eut pour maîtres Guy Pancirole, ce prince des jurisconsultes, et le P. Antoine Possevin, Jésuite éminent, qui fut aussi le directeur de sa conscience. Autant il se familiarisa avec l'Écriture, saint Thomas, saint Bonaventure, les Controverses de Bellarmin, autant il avança dans la science des saints, comme en font foi plusieurs de ses opuscules spirituels composés à cette époque.

Le premier de ces opuscules a trait à l'examen de prévoyance que l'âme pieuse place, comme une sentinelle, à l'entrée de sa journée. François s'en trace les cinq parties : *l'invocation*, où il demandera à Dieu de passer la journée sans l'offenser ; *l'imagination*, coup d'œil jeté d'avance sur les occasions dangereuses, compagnies, affaires, situations dans lesquelles il pourra se trouver engagé ; *la disposition*, où il déterminera la conduite à tenir dans ces conjonctures périlleuses ; *la résolution*, dont le but sera de retremper son âme dans le ferme propos d'être toute à Dieu ; enfin *la recommandation*, où derechef il suppliera l'éternelle Bonté de le couvrir de sa protection [1].

Dans l'opuscule suivant, tout émaillé de textes de la Bible, François fait un recueil de pensées saintes pour s'en nourrir à son réveil, le long du jour, dans les insomnies ou frayeurs nocturnes, cela, afin, dit il, « que ses ennemis invisibles ne puissent pas dire : « Nous avons eu barre sur lui [2]. » Ingénieuses délicatesses de la piété!

Nommer le troisième petit traité, c'est indiquer un code des règles de la conversation. « Je parlerai « peu et bon, dit le Saint, afin que la compagnie s'en « retourne plutôt avec appétit de notre rencontre « qu'avec ennui. Je me conformerai à ce précepte : « *ami de tous et familier à peu*... En conversation, je « serai modeste sans insolence, libre sans austérité, « doux sans affectation, souple sans contradiction (si « ce n'est que la raison le requît), cordial sans dis- « simulation... Aux supérieurs d'âge, de profession « ou d'autorité, il ne faut faire paraître que ce qui est « exquis; aux semblables, que ce qui est bon ; aux « inférieurs, que ce qui est indifférent... Il faut être « avec les grands comme avec le feu, c'est-à-dire « qu'il est bien bon parfois de s'en approcher, mais « il ne faut pas aussi que ce soit de trop près [3]. » Si rapides que soient ces extraits, ne croirait-on pas entendre quelque génie observateur, comme un La Bruyère, résumer ce que lui a enseigné une longue

---

1. Œuvres complètes, T. III, 162. — 2. Ib. 153. — 3. Ib. 174.

expérience des hommes et des affaires ? Or, François n'avait que vingt ans quand il composait ces chefs-d'œuvre.

Aussi, comme il sortit victorieux des épreuves que ménageait à sa vertu la voluptueuse Padoue ! Un jour, de jeunes débauchés lui cherchèrent querelle, pensant que, timide et lâche, il leur laisserait une facile victoire. En brave gentilhomme, François tira son épée, se mit en garde et réduisit ses agresseurs, confus et tremblants, à lui demander humblement pardon. — Une autre fois, trois libertins complotèrent avec une courtisane la perte de sa chasteté, et réussirent à le laisser seul avec cette malheureuse. Celle-ci livra au saint jeune homme le plus violent assaut. Le nouveau Joseph lui crache au visage et s'enfuit, la laissant écumante de rage [1]. — Ce trait, parvenant aux oreilles d'une princesse éclatante de beauté, allume dans son cœur une passion impure pour le gentilhomme savoisien. Cette femme n'a de repos qu'après avoir envoyé à François, par un ami perfide, un message aussi séduisant qu'infâme. « Vil séducteur, répond le saint « au messager, retirez-vous. Quoi ! vous qui devriez « me reprendre si je faisais mal, vous me sollicitez « au péché ! Allez promptement demander pardon à « Dieu et faire pénitence [2]. » Et, dès lors, non-seulement il affermit sa chasteté en jeûnant et en portant le cilice trois fois par semaine, mais il infligea à sa chair innocente de rudes disciplines dont seul son

1. Charl. Aug., p. 26. — 2. Ib.

confesseur avait le secret. Telle était la pureté de notre Saint qu' « il n'envisagea jamais personne, dit « sainte Chantal, pour savoir ce qui était de beau ou « de laid ; et quand il n'avait plus les personnes pré- « sentes, il n'eût su dire comme leur visage était « fait [1]. »

Dieu sembla un instant vouloir donner à cet angélique jeune homme, dès le printemps de sa vie, la couronne de l'immortalité. Une langueur extrême et une fièvre ardente, compliquées de la goutte, de la dyssenterie et d'un rhumatisme universel, se déclarèrent soudain et le conduisirent au bord du tombeau. François n'avait que vingt ans Il n'en accueillit pas moins, le sourire sur les lèvres, la maladie et la mort elle-même, se trouvant trop peu puni de ses péchés, et trop heureux d'entrer déjà dans les tabernacles éternels. Un jour, l'abbé Déage, tout en larmes, lui demanda sa pensée au sujet de ses funérailles. Le malade se souvint que bien des fois des querelles ensanglantaient Padoue au sujet des cadavres, que se disputaient les étudiants en médecine et les parents des défunts. Il demanda donc que son corps fût abandonné aux étudiants, « afin que, serviteur inutile pendant sa vie, il fût de quelque utilité après sa mort [2]. » Quelle humilité ! Au moment où la mort allait trancher le fil d'une vie si précieuse, Dieu rendit au saint malade sa brillante santé d'autrefois

Après son rétablissement, François s'avança à pas

1. Dép., art, 29. — 2. Charl. Aug., 1. I, pag. 31.

de géant dans la carrière de la perfection : il y fut
puissamment aidé par le *Combat spirituel* dont il fit dès
lors et pendant dix-huit ans son inséparable vade-me-
cum [1]. Non moins rapides étaient ses progrès dans la
science ; les cahiers qu'il écrivit à Padoue sur la théologie et le droit formèrent jusqu'à douze volumes in-
4o. Quand il eut ainsi employé près de cinq années,
l'illustre Pancirole lui donna lui-même les insignes de
docteur en droit canonique et civil, et cela avec des
éloges magnifiques auxquels firent écho d'immenses
applaudissements. Tant il est vrai que la piété, utile
à tout, donne des ailes puissantes pour s'élever dans
les régions de la science !

Le lauréat de Paris et de Padoue ne rentra point en
Savoie sans visiter l'Italie, cette terre classique des
grands souvenirs. A chaque pas de ce voyage, se rattache un trait édifiant [2]. A Rome, où Dieu le préserva
d'être victime d'un débordement du Tibre, François
ne contempla les beautés de la ville des Césars et de
celle des Papes, que pour nourrir son cœur plus encore que son esprit. A Lorette, dont il arrosa de ses
larmes l'auguste sanctuaire, en y renouvelant son
vœu de chasteté, il eut une extase qui rendit son visage éclatant comme un astre aux yeux des spectateurs. A Ancône, on le força désobligeamment de quitter
la barque dans laquelle il était descendu avec sa
suite ; mais cette barque sombra à quelque distance
du port. A Chiosa, où il aborda après avoir perdu son

1. Lett. 24 juill. 1607. — 2. Charles Aug., p. 36 à 40.

chapeau dans la mer, son rigide gouverneur refusant de lui en acheter un autre jusqu'à Venise, il se résigna sans plainte à parcourir la ville en coiffure de nuit et l'épée au côté, malgré les risées de la population. A Venise enfin, il sut décider un de ses compagnons, tombé dans une grande faute, à se jeter immédiatement aux pieds d'un confesseur.

V.

Comment dire la joie du château de Lathuille. qu'habitait M. de Boisy, quand, au commencement de 1592, François de Sales y arriva avec la renommée du jeune homme le plus accompli ? Que de richesses découvrait chaque jour en lui l'œil observateur de ses frères et des auteurs de ses jours ! Dieu lui avait prodigué tous ses dons. Taille avantageuse, tête forte et bien développée, front haut et large, yeux bleus, mais légèrement louches, regard limpide, joues vermeilles et à couleurs vives, bouche ronde, beaux cheveux d'un blond-châtain, finesse de traits et délicatesse de teint vraiment remarquables, visage ouvert, serein et gracieux. formes polies et agréables, port majestueux, voix grave et sonore, mais parole et démarche un peu lentes.: tel est le portrait que ses contemporains ont tracé de son ext rieur. On conçoit, même à distance, qu'on ait dit de lui comme du Sauveur : « La grâce a « été répandue sur vos lèvres ». Toutefois, ce que l'on admirait davantage encore dans le fils de M. de Boisy, c'était un jugement exquis, une imagination gra-

cieuse, riche et brillante, une mémoire sûre, une conception prompte , des connaissances étendues et
approfondies, un génie simple et naïf, facile et fécond,
fin et délicat, un caractère vif et bouillant, mais grave
et enjoué, d'une affabilité parfaite, d'une complai-
sance sans limites ni bassesse. Sa douceur, mêlée de
fermeté, a été comparée au rayon de miel que Sam-
son trouva dans la bouche du lion (Judic., xiv, 14).
Son cœur, sensible et ardent, vivait et brûlait de toutes
les affections légitimes : les animaux, les plantes, la
nature entière lui tenait ce langage que seuls peuvent
entendre les cœurs purs et innocents. Reflet de toutes
les beautés de son âme et assaisonnée d'ailleurs de
tant de modestie, sa conversation avait un charme
infini qui captivait la confiance. Et ces dons naturels
n'étaient qu'une toile d'attente sur laquelle la grâce,
« cette habile ouvrière », comme dit Bossuet, dessi-
nait chaque jour avec une perfection nouvelle la ra-
dieuse image de Jésus-Christ, pour faire avec le temps
de François de Sales un apôtre, un pontife, un docteur, un de ces hommes prédestinés à être l'âme de
tout un siècle et à laisser derrière eux, dans le champ
de l'Église, un sillon dont la profondeur et la fécon-
dité vont toujours en grandissant. Mais n'anticipons
pas, et revenons à 1592.

Dans ce fils chéri qui était la perle de la noblesse
savoisienne, M. de Boisy voyait sa couronne et son
bâton de vieillesse. Il lui assigna aussitôt, comme à
son aîné, la seigneurie de Villaroget, en exigeant qu'il
en prît le nom. Puis, le destinant à la magistrature,

il l'envoya à Chambéry se faire agréger comme avocat au Sénat de Savoie. Reçu avocat, le 24 novembre 1592, François fit alors de la justice et de la magistrature un éloge des plus magnifiques. Dès cette époque, le seigneur de Villaroget noua une amitié que cimentèrent trente années d'intimité avec Antoine Favre, sénateur, le même qui légua à la jurisprudence dix volumes in-folio et qui eut pour fils le célèbre Vaugelas, un des pères de la langue française.

A son retour de Chambéry, il survint au nouvel avocat un incident étrange. Traversant la forêt de Sonaz, il tomba trois fois de cheval sans se faire mal, et trois fois son épée, sortie du fourreau, se mit en forme de croix devant lui [1]. A ce triple phénomène, il crut entendre la voix de Dieu l'appelant à déposer les armes de gentilhomme pour entrer dans l'état ecclésiastique, vers lequel il avait toujours porté son cœur et dirigé ses études. Mais comment imposer ce sacrifice à M. de Boisy? Comment ravir à ce vieux père, au moment où elles allaient enfin se réaliser, les espérances dont il s'était bercé depuis si longtemps? Le moyen surtout d'obtenir son consentement?...

En attendant, dans la sérénité de son âme, l'heure marquée par la Providence, le seigneur de Villaroget garda précieusement dans son cœur la grâce de sa vocation. En vain M. de Boisy lui ménagea-t-il une alliance digne de son blason avec Mademoiselle de Suchet, fille unique du seigneur de Végy. En vain Charles-

1. Charl. Aug., p. 43.

Emmanuel I le Grand, duc de Savoie, voulut lui offrir un fauteuil au Sénat de Chambéry. Vainement encore son ami, le sénateur Favre, lui représenta-t-il que la dignité sénatoriale est loin d'être incompatible avec l'état ecclésiastique. Il ne voulut d'autre partage que Dieu seul, au point que « s'il eût été héritier d'un « duché, il n'eût pas laissé de se faire d'Église [1] »; il ne soupirait qu'après le consentement de son père.

VI.

Sur ces entrefaites, mourut le prévôt du chapitre de Genève. Le chanoine Louis de Sales, que notre Saint avait intéressé à sa cause, pensa que l'élévation de son cousin à la dignité de prévôt flatterait assez le cœur de M. de Boisy pour le faire consentir à l'entrée de François dans le sacerdoce. Il fallait, avant tout, obtenir de Rome, pour le seigneur de Villaroget, des Bulles de nomination à la prévôté vacante. Louis de Sales y réussit. A la nouvelle de cette nomination, François croit à un rêve; de la surprise il tombe dans l'effroi. Mais enfin il s'incline devant la volonté de Dieu qui lui ouvrait ainsi les portes du sanctuaire. Quant à M. de Boisy, il fallut toute sa foi de chrétien pour triompher des répugnances de la nature. Le même jour où il accomplit ce grand devoir, 13 mai 1593, son fils, ivre de joie, revêtit la soutane que dès longtemps lui avait préparée sa vertueuse mère. Le nou-

1. Dép., Ste J. de Chantal, art. 8,

veau prévôt, solennellement installé dans la cathédrale d'Annecy, y reçut successivement de Mgr de Granier les saints ordres, puis la prêtrise, le 18 décembre. Il y porta pour la première fo s à l'autel, après trois jours d'une fervente retraite, ce cœur dont les flammes n'étaient pas moins ardentes que celles dont brûlent les Séraphins.

Ce fut à Annecy que saint François de Sales consacra les prémices de ses travaux apostoliques. Sous-diacre, il avait fait, à la cathédrale, un premier sermon qui l'avait révélé comme théologien, orateur et apôtre [1]; puis il avait institué, sous le nom de *Confrérie de Pénitents de la Sainte-Croix*, confrérie dont il reste encore quelques nobles débris, une association dont les membres s'engageaient à faire certains exercices de piété, comme la communion mensuelle, à visiter les malades et les prisonniers, à instruire les ignorants et à éviter le plus possible les procès, ces écueils de la charité chrétienne [2]. Diacre, il s'était mis à évangéliser les pauvres et à catéchiser les enfants de la ville et des environs. Devenu prêtre, il s'y livra avec un zèle nouveau à toutes les fonctions du ministère. En chaire, il se gardait de faire, suivant le goût de l'époque, un vain étalage d'érudition : mais il était simple, solide, onctueux, goûté de tous, et son éloquence n'était égalée que par 'la bonté avec laquelle il acceptait toujours de prêcher, si nombreuses que fussent les invitations. Au tribunal de la pénitence, où il

1. Œuvres complètes. T. V, p. 1. — 2. Ib. T. VI, 47.

se trouvait dès la pointe du jour, il n'avait de préférence que pour les nécessiteux, auxquels il prodiguait
l'aumône corporelle comme la spirituelle. Aussi Mgr de
Granier le nomma-t-il grand pénitencier dès l'âge de
vingt-sept ans. Chose plus belle encore ! toute sa famille le choisit pour confesseur, et M. de Boisy lui-
même, à soixante-douze ans, fut le premier à s'agenouil-
ler à ses pieds en l'appelant : « mon Père ». Dans sa demeure, il se nourrissait sans cesse de l'étude de saint
Thomas. Telle était l'estime qu'on avait de sa science,
qu'aucun ecclésiastique n'osa descendre dans la lice
avec lui lorsqu'il se présenta au concours pour la
cure du Petit-Bornand dont il devint le titulaire [1].
Mais nulle part il n'était plus admirable qu'à l'autel.
« Il prononçait sa messe d'une voix médiocre et
« douce, grave et posée, sans se presser, quelques
« affaires qu'il eût, raconte sainte Chantal. Il me dit,
« il y a longues années, que dès lors qu'il était tourné
« du côté de l'autel, il n'avait nulle distraction [2]. »

Est-ce à dire, cependant, que son mérite ait toujours
reçu les hommages qui lui étaient dus ? Non; des langues jalouses ne manquèrent pas de flétrir une vertu
si pure : on accusa François de Sales, devant Mgr de
Granier, d'être un censeur et un intrigant qui minait
sourdement l'autorité épiscopale. Sans ajouter foi à
toutes ces imputations, le vénérable prélat ne laissa
pas moins que de se refroidir pour celui qu'il avait
appelé « son cher fils ». Le pieux prévôt souffrit tout

1. Charl. Aug., p. 70. — 2. Dép. 33.

en silence; et quand Dieu eut dissipé le nuage et lui
eut rendu la confiance de son évêque, il s'en servit
pour préserver ses calomniateurs d'être les victimes
de leur cabale. Ainsi se vengent les saints.

Le 30 juin 1594, François conduisit les *Confrères de
la Sainte-Croix*, en pèlerinage à Aix, en Savoie, à cinq
lieues d'Annecy, pour y vénérer une relique de la
vraie Croix. Écoutons ici Charles-Auguste : « Un con-
« frère entre deux hautes lanternes, dit-il, marchait
« tout premier, portant une grande croix. Les autres
« le suivaient revêtus de leurs sacs, à pieds nus, deux
« et deux, chantant les Litanies, qui étaient répon-
« dues par les musiciens. Le Prieur, François, venait
« tout le dernier, accompagné de ses deux Asses-
« seurs, seul à visage découvert, tenant les yeux
« baissés contre terre, revêtu de son surplis, ayant les
« pieds nus comme les autres. Il était suivi d'une
« longue file de gens de l'un et de l'autre sexe, qui
« tenaient en leurs mains des chapelets ou des livres
« de prières, et marchaient avec tant de modestie
« qu'ils se tiraient les larmes les uns les autres[1]. »
Quels héroïques pèlerins ! Le sénateur Favre se rendit
à cette fête de famille avec les autres confrères qui
habitaient Chambéry. Les deux Confréries d'Annecy
et de Chambéry, groupées comme deux sœurs autour
de leur père commun, le prévôt de Genève, puisèrent
aux pieds de la sainte Croix, leur commun emblème,
un redoublement de ferveur dont se ressentit la Savoie tout entière.

1. P. 74.

C'étaient là de grandes choses. Ce n'était toutefois qu'un essai, qu'un simple prélude. Allait enfin s'ouvrir devant les pas de François de Sales une carrière autrement glorieuse, celle où il devait terrasser l'hydre de l'hérésie enfantée par Calvin, et conquérir ainsi le titre immortel d'Apôtre du Chablais.

CHAPITRE II.

I.

La tolérance religieuse, si vantée par nos libres-
penseurs, ne fut guère connue de leurs aïeux, les
pères du protestantisme. Aussitôt que la prétendue
Réforme, triomphante à Berne, fut maîtresse à Genève, où elle n'avait d'abord demandé qu'à être to-
lérée, elle en proscrivit complétement la religion
catholique dans ses ministres, dans ses amis fidèles et
son culte. L'Église de Jésus-Christ, qui, depuis quinze
siècles, inondait Genève de ses bienfaits, n'eut bientôt
plus dans cette ingrate cité une seule pierre pour y
reposer sa tête. Mais l'intolérance des protestants était
loin d'être satisfaite. Berne et Genève voulaient imposer le joug de la Réforme aux populations qui habitaient les bords et le bassin du Léman. Il se pré-

senta bientôt une excellente occasion de réaliser ces sinistres desseins. Lorsque Charles-Quint et François Ier se disputèrent le Milanais, Charles III, duc de Savoie, placé entre ces deux redoutables rivaux, était tout occupé en Piémont à garder une neutralité qui préservât ses États d'une invasion, et la Savoie, presque sans défense, était un peu à la merci du premier venu. Berne s'en aperçut; et aussitôt, sans respect pour les traités qu'elle venait de signer avec le duc, elle lui déclara la guerre, sous prétexte qu'il molestait Genève en haine du protestantisme. C'était le 16 janvier 1536. A cette nouvelle, les Genevois, remplis d'audace, se jettent sur le pays de Gex, et prennent les châteaux de Jussy et de Gaillard. De son côté, l'armée bernoise s'empare du pays de Vaud, reçoit la soumission de Gex, de Thonon et des Allinges, et, n'osant envahir le Faucigny, préservé par les troupes de Charles III, arrondit du moins ses conquêtes en s'emparant de Ternier et du magnifique bassin du Léman. Ces victoires étaient d'autant plus faciles que, d'une part, François Ier envoyait en Savoie 25,000 hommes qui devaient soustraire et arracher pour vingt-deux ans ce pays au sceptre paternel de ses ducs; et que, de l'autre, le Valais applaudissait à l'expédition bernoise en acceptant, pour sa part de butin, Saint-Maurice et le territoire d'Évian jusqu'à la Drance. Aussi les Bernois divisèrent-ils à leur gré le pays conquis en quatre bailliages : celui de Thonon, qui s'étendait de Genève à la Drance, et ceux de Gex, de Ternier et de Gaillard. Or, dans tous ces bailliages, notamment dans celui de Thonon, qui contenait 52 paroisses [1], et celui de Ternier, qui en comptait 19 [2], Berne et Genève firent une guerre à outrance à tout ce qui représentait le catholicisme. Non contents d'avoir détruit dans les alentours de Genève « plus de cent vingt à « cent quarante » maisons nobiliaires et féodales [3], leurs soldats pillèrent et incendièrent les églises, les presbytères et les couvents « avec une ardeur qui « laisse bien loin derrière elle, dit J. Fazy, celle dé- « ployée depuis en France pendant la Révolution [4]. » Peu satisfait d'avoir « interdit le culte catholique, mis « les biens ecclésiastiques à l'encan et couvert les « routes de familles, de gentilshommes, de religieux, « de moines et de prêtres [5] », exilés de leurs foyers en ruines, on força les populations à entretenir à leurs frais, dans les centres, les ministres qui devaient leur inoculer le venin de l'hérésie. Ajoutons cependant que, forcés de compter avec le courage du baron de Viry, les Bernois durent l'autoriser à continuer l'exercice du culte catholique dans la chapelle du château de La Perrière [6].

Les choses en restèrent là près de soixante ans. Il est vrai, Emmanuel-Philibert, fils et successeur de Charles III, obtint des Bernois par M. de Boisy la restitution des quatre bailliages. Il est vrai aussi que, pour éviter la faute de son père, coupable d'avoir cru à la loyauté de Berne, ce duc institua, de concert avec

1-2. Œuvres complètes de saint Franç. T. VIII, 108.

3. Établissement de la Réforme à Genève, par Mgr Magnin, p. 226. — 4. Ib., p. 224. — 5. Ib. — 6. Pérennès, l. II, VI.

Grégoire XlII , l'Ordre des Chevaliers des Saints-Maurice-et-Lazare, chargés de veiller à la défense du pays. Il obtint même du pape, pour les membres de cet Ordre, la cession des biens ecclésiastiques des bailliages recouvrés, à la condition expresse, d'ailleurs, que ces biens reviendraient, dès le rétablissement du culte catholique, aux pasteurs et aux églises paroissiales. Mais, malgré tout, le duc de Savoie dut promettre qu'on ne ferait, dans les bailliages restitués, aucun exercice de la religion catholique » [1], tant était insatiable l'intolérance de Berne !

Charles-Emmanuel Ier fut, du reste, plus heureux que son illustre père, Emmanuel-Philibert. Rentré en 1593 dans la paisible possession du Chablais et de Ternier, ce prince religieux put s'occuper immédiatement de rendre aux habitants de ces pays la religion de leurs ancêtres. Il demanda donc à Claude de Granier, évêque de Genève, résidant à Annecy, un missionnaire capable d'être, sous sa houlette, le pasteur de ces parages désolés.

<h2 style="text-align:center">II.</h2>

Le vieil évêque porta bien vite ses regards sur le jeune prévôt de sa cathédrale, mais il n'osait pas lui proposer une tâche si difficile. François s'offrit. « Je « suis tout prêt ! dit-il à son évêque : *et, sur votre* « *parole, je jetterai le filet* [2] ». Ni les montagnes de

---

1. Œuv. S. Franç. 6. 161.— 2. Ch. Aug., 78. Ste Chant. Dép. 11.

difficultés qui s'élevaient devant lui, ni les larmes de sa famille, ni les assauts de son vieux père, qui refusa même de recevoir ses derniers adieux, rien n'ébranla son courage. Sans autre compagnon que son digne cousin, le chanoine Louis de Sales; sans autres provisions qu'une Bible, son Bréviaire et les *Controverses* de Bellarmin, il quitte Thorens, le 14 septembre 1594, jour de l'Exaltation de la Sainte Croix, arrive sur les confins du Chablais, y invoque à genoux l'ange de la province, et gravit le même jour le montueux sentier qui conduit à la citadelle des Allinges.

Ce château, qui dominait sur le Chablais, avait pour gouverneur, au nom du duc de Savoie, le baron d'Hermance, catholique sincère. Le prévôt lui présenta ses lettres de créance, et en reçut le meilleur accueil. Mais quelle douleur pour son cœur d'apôtre quand, le lendemain matin, accoudé sur le parapet de la forteresse, il parcourut du regard les pays qui se déroulaient sous ses yeux ! A sa gauche, Genève, qui, au bord de son lac magnifique, dormait d'un sommeil profond dans les bras de l'hérésie et de la volupté; à sa droite, Thonon, autre foyer de corruption qui infectait tout le Chablais: devant lui, sur la rive vaudoise du Léman, Lausanne, où régnaient les Bernois, et dont la belle cathédrale n'était plus qu'un temple protestant; à ses pieds, des campagnes dont la végétation luxuriante contrastait avec l'état des églises en ruines, des clochers abattus, et surtout avec l'état des populations où, sur 30,000 personnes, il ne restait pas même 100 catholiques : quel spectacle pour l'âme d'un saint François de Sales! Il pleura amèrement, emprunta le langage d'Isaïe pour exhaler sa tristesse; mais il entama sans retard la mission qui devait l'occuper plus de six ans [1].

Parcourons d'un pas rapide les principaux événements de ce long apostolat.

III.

Le 16 septembre 1594, François et Louis de Sales firent leur entrée à Thonon. Dans le naufrage de la foi qu'avait subi cette ville, il ne s'était sauvé, comme au déluge universel, qu'une huitaine de catholiques, seuls restés dans l'arche de l'Église [2]. Quelle révéla-

1. Pour nous orienter dans la lecture de ces longs travaux, remarquons qu'il se dessine dans la mission du Chablais quatre périodes semblables aux quatre saisons de l'année. La première (14 septembre 1594, août 1595) se termine à l'époque où François quitta la citadelle des Allinges pour se fixer à Thonon ; elle fut, comme l'hiver, un temps stérile et glacial, mais infiniment précieux quand-même. La deuxième (août 1595, Noël 1596) s'étend jusqu'au jour où le sacrifice de la messe put enfin s'offrir à Thonon : la séve religieuse a commencé à reprendre son cours, et la mission prend l'aspect d'un beau printemps. A la troisième (Noël 1596, mai 1598) mit fin le traité de Vervins qui donna une certaine sécurité aux catholiques du Chablais : ce fut, dans son ensemble, une ère de prospérité et de ferveur. Vint enfin une dernière période (mai 1598, janvier 1601) pendant laquelle l'apôtre du Chablais, devenu coadjuteur de Genéve, recueillit en abondance les fruits de ses labeurs, et prépara aux siècles à venir, par de grandes institutions, des fruits qu'ils recueillent encore.

2. T. VIII, 51. Vie de saint Fr. par la Mère de Chaugy, p. 43.

tion pour nos missionnaires! Néanmoins ils se mirent de suite à descendre chaque matin des Allinges à Thonon, pour remonter le soir aux Allinges. Tantôt ils réunissaient le troupeau fidèle dans l'église de Saint-Hippolyte, commune aux catholiques et aux calvinistes; tantôt ils faisaient une pointe dans la campagne, prêchant trois ou quatre fois le jour, quoique sans marque de succès.

Si modestes qu'ils fussent, ces débuts provoquèrent bientôt contre les deux prêtres romains un débordement d'injures, un tollé général de la part des ministres protestants. Ces marchands d'impostures sentaient que, si la lumière dissipait les ténèbres, elle mettrait au jour leurs monstruosités, et qu'ainsi seraient perdus leur gagne-pain et leur considération. Tous leurs efforts tendirent à faire le désert autour de François et de son compagnon. Ces deux papistes n'étaient, suivant eux, que des sorciers, des hypocrites et des perturbateurs publics. Défense formelle fut faite d'entendre leurs instructions. Quiconque les suivrait aurait affaire à Berne et à Genève quand elles pourraient reconquérir le Chablais. On déclara même qu'il était permis d'ôter la vie aux deux intrus[1]. Certes, il eût suffi de bien moins pour détourner d'une religion contre laquelle se liguent déjà naturellement tous nos appétits dépravés!

Aussi François de Sales fut-il traité en malfaiteur. L'irritation mit sa vie tellement en danger, que M. de

____
1. Charl. Aug., 8.

Boisy, cédant à ses alarmes, revint sur le refus qu'il lui avait fait de tout secours, et ne put s'empêcher de lui envoyer son fidèle Rolland. Mais n'importe ; le zélé missionnaire ne reculait devant rien. Il n'espère aucune conquête ; et pourtant chaque jour le voit descendre et remonter la colline des Allinges. Un rude hiver rend les chemins impraticables ; et il fait ces grands trajets à travers les neiges, que teignait « *de* « *son innocente rougeur* [1] » le sang qui ruisselait de ses pieds crevassés. Si, le 12 décembre, la nuit le surprend dans un bois rempli de loups ; si, pour échapper à la dent de ces animaux affamés, il doit passer toute la nuit sur un arbre, où le froid le transit ; si, le lendemain, il est recueilli plus mort que vif par des paysans hérétiques, touchés de tant de souffrances, c'est pour jeter bien vite dans ce foyer hospitalier les premières semences de la foi [2] ; et peu de temps après, l'infatigable apôtre passera encore toute une nuit, avec Louis de Sales, accroupi dans un four de village.

Mais il avait beau se prodiguer, il prêchait toujours dans le désert : la crainte d'un retour des Bernois neutralisait tous ses efforts, glaçait tous les courages. Ce qui était pis encore, c'est que les employés du duc de Savoie, tous les bras croisés, sauf le baron d'Hermance, laissaient libre champ à l'hérésie, et abandonnaient le prévôt à ses propres forces, comme le Saint l'écrivit au B. Canisius [3]. Les principaux de Tho-

1. Charl. Aug. 1. 2. 84. — 2. Pérennès 1. 2. VII. — 3. Œuv. comp., t. VIII, 74.

non s'engagèrent même, à l'instigation des ministres, à n'ouïr jamais un prédicateur catholique. Le 8 janvier 1595, un fanatique, dépité d'avoir tiré trois coups de fusil sur François sans l'avoir atteint, échelonna sur sa route plusieurs assassins qui manquèrent, eux aussi, celui que le Très-Haut couvrait de son égide [1].

La patience héroïque du jeune missionnaire, au milieu de ces épreuves, édifiait profondément les soldats de la garnison des Allinges. Saint François de Sales devint leur apôtre. Deux abus malheureux régnaient parmi ces hommes de guerre, le duel et le blasphème : il les fit disparaître. Il donna ensuite, durant le carême de 1595, une mission dont le succès fut prodigieux. Voyant un jour à ses pieds un soldat qui lui faisait sa confession en versant des larmes abondantes, François lui donna pour toute pénitence un *Pater* et un *Ave*. « Ah ! mon Père, s'écrie le soldat, « est-ce que vous voulez me perdre de me donner si « peu de pénitence pour de si grands crimes ? » — « Non, repart François..., je me charge de faire le « surplus de votre pénitence. » — « Cela n'est pas « juste, mon Père, car je suis le pécheur et vous êtes « l'innocent. » Quelques semaines après, ce brave militaire allait se renfermer dans la Chartreuse [2].

Au défaut des prédications parlées qu'il ne pouvait adresser aux protestants, le saint missionnaire se mit à leur en faire d'écrites. Après avoir évangélisé le jour des bourgades, hélas ! si sourdes à sa voix, il prenait

---

1. Pérennès, 1. II, VII. — 2. Ib.

sur ses nuits pour rédiger, en petits discours, des instructions substantielles que les Thononais trouvaient
ensuite affichées sur leurs murs, en copies manuscrites.
De ces feuilles volantes, faites à la hâte par un auteur
de vingt-sept ans, est sorti le *Traité des Controverses*,
l'un des plus beaux monuments élevés au dogme catholique. Saint François y établit que les Églises ré-
formées, fondées par des hommes sans mission, ont
toutes une naissance illégitime. Puis il démontre
qu'au reste les novateurs ont foulé aux pieds les Règles de la foi, en mutilant et en travestissant l'Écriture, en rejetant la Tradition, en oubliant les Notes de
la véritable Église et surtout l'autorité du Saint-Siége.
C'est à ce propos qu'il établit que « l'Église catholi-
« que est une monarchie en laquelle un chef minis-
« tériel gouverne tout le reste [1] », qu'il rappelle les
51 titres que l'antiquité a décernés au successeur de
Pierre [2], et qu'il enseigne que « l'Église a toujours
besoin d'un *confirmateur infaillible* [3] », vérité aujour-
d'hui élevée à la hauteur d'un dogme catholique. Enfin, sans autres armes que celles employées par les
calvinistes, les paroles de l'Écriture, il bat en brèche
plusieurs de leurs erreurs sur les Sacrements et le
Purgatoire. Cette savante apologie, si pleine de nerf
et d'onction, fut déclarée par les commissaires d'Urbain VIII, en 1658, digne des Athanase, des Ambroise
et des Augustin [4].

---

1. T. VIII. Disc. 36. — 2. D. 39. — 3. D. 40. — 4. De Baudry.
Hist. canonis. saint Franç., section. 5, ch. 5.

A ces nobles accents de la vérité on répondit par des cris de rage et de noires tentatives. François de Sales faillit de nouveau, à deux reprises, signer de son sang cette nouvelle profession de foi : la première, à sa descente des Voirons, montagne où il avait été, le 1er juillet 1595, faire un pèlerinage à un antique oratoire de la Vierge ; la seconde, un soir qu'il remontait aux Allinges, alors que par son courage, sa douceur et sa majesté, il désarma et convertit deux assasins qui s'étaient rués sur lui l'épée à la main [1]. Tremblant pour des jours si précieux, le baron d'Hermance offrit au prévôt une escorte de soldats. François refusa : l'heure n'était point encore venue d'appeler le bras séculier au service de la divine parole. En neuf mois, François n'avait fait que huit conquêtes [2].

Les catholiques de Thonon commençant néanmoins à former un noyau de paroisse, il renonça à l'abri que lui offrait la forteresse des Allinges, pour passer désormais la nuit à Thonon, près de son petit troupeau. L'enfer en rugit, et l'intrépide apôtre ne manqua pas d'être visité bientôt par d'autres assassins, qui, à la faveur des ténèbres, forcèrent la porte de sa chambre ; mais il leur échappa comme à leurs devanciers. Ainsi apprit-il ce qu'il écrivit un jour : « Si Dieu nous garde, nous serons bien gardés [3]. » D'ailleurs, l'heure allait sonner, où le champ qu'il cultivait avec tant de peines et si peu de succès allait, sous le souffle de la grâce, revêtir les livrées du printemps. (Août 1595.)

1. Ch. Aug., l. II, 87. — 2. T. VIII, 75. — 3. T. XII, 6.

IV.

Fixé dans leur ville, François de Sales eut sur les Thononais une action décisive. On le voyait chaque matin raviver sa ferveur au foyer eucharistique; et cependant, ne pouvant encore dire la messe à Thonon, il devait aller célébrer au village de Marin, et, de plus, une arche du pont jeté sur la Drance ayant été emportée au cœur de l'hiver, il était obligé de passer et de repasser cette rivière sur une simple planche couverte de verglas [1]. On l'entendait chaque jour annoncer la parole de Dieu trois ou quatre fois dans la ville et les bourgades; et pourtant ce n'était point sans avoir écrit, la nuit précédente, le canevas de ses instructions, ce qui lui demandait au moins trois heures d'études [2]. Il lui arriva même un jour de n'avoir que sept personnes pour tout auditoire: ce qui ne l'empêcha pas de leur prêcher avec le même soin que s'il eût eu l'auditoire le plus brillant, à la grande édification d'un néophyte important, mais encore faible, qu'un si bel exemple fixa dans la foi [3]. Son désintéressement était parfait : c'était de sa vertueuse mère qu'il recevait ce qui était nécessaire à son modeste entretien, et il ne voulut jamais accepter aucun remboursement pour les dépenses qu'il fit durant la mission. On se demandait à quelle source il pouvait puiser tant d'abnégation et de courage. Quel contraste

1. Charl. Aug., p. 98. — 2. Ham. l. 2. ch. 3. — 3. Charl. Aug. 85.

entre cette vie tout apostolique et celle du ministre
Viret, le stipendié de la Réforme, qui ne savait ouvrir la bouche, une fois la semaine, que pour dire
de mauvaise grâce des paroles pleines de suffisance !
La vérité ne pouvait tarder de se faire jour.

En effet, le carême de 1596 augmenta sensible-
ment le petit noyau de fidèles, si longtemps resté le
même, que François de Sales avait trouvé à Thonon.
Ce qui hâta encore la déconfiture des ministres, c'est
qu'aucun d'eux, pas même Viret, n'osa se mesurer
dans une conférence publique avec l'athlète de la foi
romaine. Par contre, le saint missionnaire eut avec
les hérétiques des conférences privées. Ces conférences déterminèrent deux conversions tout à fait
éclatantes : celle de l'avocat Poncet, jurisconsulte très-
estimé, et, le 4 octobre 1596, celle du baron d'Avully, le
premier personnage du Chablais et jusqu'alors le plus
ferme rempart du calvinisme. A cette nouvelle, grand
émoi dans le camp des ministres de Genève. L'un
d'eux, La Faye, le principal après de Bèze, dit au baron qu'il avait été dupe d'un séducteur, et qu'il se
faisait fort de le démontrer. Mais ce ministre « n'osant,
« dit Charles-Auguste, mettre le pied hors de sa ta-
« nière [1] », François se transporta à Genève, au sein
même de la place ennemie, avec d'Avully et plusieurs
autres témoins. Là, il proposa une conférence publique à son adversaire, en lui laissant le choix des matières. La lutte eut lieu sur la grande place du Mo-

1. Charles Auguste, p. 108.

lard : elle dura trois heures. La Faye promena la discussion d'un sujet à un autre, sans vouloir rien approfondir; mais il fut pressé sur tous les points par les réponses péremptoires de son antagoniste. De rage, il termina la séance, en répandant des torrents d'injures sur le Saint qui ne lui répondit plus que par son inaltérable douceur. Clément VIII félicita d'Avully de sa conversion. En attendant que le même Pape écrivît aussi à François des lettres de félicitation, Dieu inondait l'âme de son serviteur de grâces extraordinaires qui changeaient en une sainte fureur l'amour du Saint pour Jésus-Christ et mettaient sur ses lèvres ces paroles enflammées : *Amor meus furor meus.*

L'opinion était éclairée. Déjà la vérité rayonnait sur de grandes intelligences, et l'ébranlement commençait. Informé de ce mouvement, le duc de Savoie voulut enfin le seconder. Il fit demander à François de Sales les moyens de rétablir le catholicisme en Chablais, et le prévôt lui écrivit à ce sujet trois lettres pleines d'enseignements [1]. Là, en effet, se révèle en partie la manière dont ce grand docteur entendait la tolérance religieuse. Quelle distance entre lui, malgré sa proverbiale mansuétude, et ceux qui, de nos jours, voudraient concilier les principes de 89 avec l'Évangile! A ses yeux, l'hérésie ne possède aucun droit social, et de plus, l'autorité séculière doit étayer autant que possible l'autorité ecclésiastique; de sorte

1. Charl. Aug., 113.— Œuvres compl. T. VIII, 45, 48, 101.

que toutes deux se donnent la main pour conduire
les peuples dans les voies de la vérité et de la justice,
les seules qui mènent au bonheur. François engage
donc le duc Charles-Emmanuel I, d'abord, à rétablir
les curés, consacrant à leur entretien les sommes al-
louées aux ministres, à relever les autels, dotant suf-
fisamment les églises, à porter les peuples vers le sein
de l'Église d'où les ont arrachés les huguenots, leur
adressant des exhortations paternelles soutenues par
quelques avantages pécuniaires. Mais il lui conseille
encore d'éloigner de Thonon le ministre, en le relé-
guant à l'écart, et le maître d'école hérétique, en le
remplaçant par un catholique ; puis, plus tard, de
priver les opiniâtres de *tous les offices publics*[1]. C'est le
compelle intrare de l'Évangile[2], joint au soin que
prend tout pasteur véritable de chasser le loup de la
bergerie.

Le duc de Savoie, prenant ces conseils en considération, manda bientôt François de Sales à Turin. On
était à la fin de novembre. N'importe ; l'apôtre n'hésita
point à prendre la route du mont Saint-Bernard, avec
son fidèle Rolland. Il faillit rester enseveli dans les neiges. Mais il fut bien dédommagé de ses fatigues par
l'accueil que le prince fit aux discours dans lesquels le
prévôt l'entretint de sa mission, du chapitre de Genève et des mesures à prendre à l'égard de cette ville
infortunée, « siége d'où Satan épanchait l'hérésie sur

1. Charl. Aug. L. 2, p. 113. Œuv. compl., T. VIII, 45, 48, 101.
— 2. Luc. XIX, 23.

« tout le reste du monde [1] ». Le duc donna au jeune apôtre, avec diverses autorisations, des lettres pour ses chers Thononais [2]. Quelle joie pour le cœur de François quand, de retour sur le théâtre de ses travaux, il put, le jour de Noël 1598, célébrer pour la première fois la messe à Thonon et y installer Jésus-Hostie, exilé depuis 60 ans ! Avec le Dieu de l'Eucharistie allaient se faire sentir, en effet, les célestes ardeurs dont il est la source et le foyer.

7. Charl. Aug. 120. Œuvres. T. VIII, 105 à 114. — 2. Ib. 114.

CHAPITRE III.

(Janvier 1597. — Mai 1598.)

I. Trois récompenses ménagées à l'Apôtre du Chablais.— II. Les *Considérations sur le Symbole*. — III. Conférences avec Théodore de Bèze. — IV. Rétablissement des premiers curés en Chablais. — V. Traité de la *Démonomanie*. — VI. François reçoit des auxiliaires. Les Quarante-Heures d'Annemasse. — VII. Arrivée des Jésuites à Thonon. — VIII. Voyage de François à Annecy. Joies à son retour en Chablais.

I.

La Providence a pour les siens des attentions dont nous sommes loin souvent de soupçonner l'infinie délicatesse. A l'entrée de 1597, elle envoya comme trois étrennes à l'Apôtre du Chablais. La première fut la nomination du sénateur Favre à Annecy en qualité de président du Conseil de Génevois, ce qui procura à François un bonheur d'autant plus grand, que ce *cher frère* était en même temps son fils spirituel. Vint ensuite une lettre du duc de Savoie qui donnait raison au Saint d'avoir dit la messe dans l'église Saint-Hippolyte, malgré les syndics de Thonon. L'Apôtre du Chablais apprit enfin la conversion des paroisses d'Allinges , de Mézinges et de Brens, qui abjurèrent solennellement l'hérésie [1].

II.

C'étaient bien des joies. L'enfer essaya de faire la contre-partie. Pour avoir présidé la cérémonie des Cendres, François faillit périr entre les mains d'une troupe de forcenés qui se précipitèrent sur lui. A la même époque, le ministre Viret se mit à décrier la messe comme un sacrilége et une idolâtrie. Mais l'ennemi se trouva pris dans ses propres filets.

De nouveau appelé sur le terrain de la controverse, François releva le gant. Il écrivit ses *Considérations sur le Symbole des Apôtres, pour la confirmation de la foi catholique, touchant le Saint-Sacrement de l'autel* [2], opuscule délicieux où, de chaque article du Symbole, le Saint tire des déductions aussi pieuses que concluantes sur la Présence réelle. Viret ne se releva point de cette défaite. Le premier syndic ou maire de Thonon, Fournier, ne tarda pas à abjurer solennellement l'hérésie à Saint-Hippolyte. L'Apôtre eut même la consolation d'adresser à Clément VIII, au nom de cette ville, une profession de foi catholique et de filiale soumission [3]. Cet événement eut lieu le 4 février 1597.

1. Charl. Aug. L. 3, 129. — 2. Œuvres. T. III, 184. — 3. T. VIII, 134.

III.

Quelques semaines après, François allait, au péril de sa vie, à Genève, afin de ramener au divin bercail une brebis dont le retour eût marqué pour bien d'autres la fin de leurs égarements. C'est en ces termes que Pie IX apprécie les démarches de l'Apôtre du Chablais auprès de Théodore de Bèze. Bèze avait été comme un autre Calvin. Tous deux disciples du luthérien Wolmar, qui leur inocula le venin du protestantisme, tous deux perdus de mœurs dès leur jeunesse, tous deux destinés à l'état ecclésiastique et pourvus de bénéfices, ils avaient tous deux oublié leur vocation au sein des plaisirs, fait de Paris le théâtre de leur libertinage, et de Genève le terme d'une vie longtemps vagabonde. Si Calvin, plus âgé, plus systématique et plus despote, s'était peu à peu imposé comme pape et dictateur à la Rome protestante, Bèze, son disciple, son coadjuteur, son émule, l'héritier de sa chaire et le continuateur de son œuvre, avait prostitué sa plume à l'hérésie, couru les synodes, attisé en France le feu de la guerre civile, et fait de Genève le boulevard du calvinisme en Europe.

Pouvait-on espérer la conversion de cet hérésiarque? Qu'attendre d'un vieillard bientôt octogénaire, enivré de lui-même et réduit d'ailleurs à recevoir de ses coreligionnaires le pain de ses vieux jours? Mais de grandes âmes priaient pour cet infortuné, et Clément VIII ne voulut pas négliger de tenter une conquête si utile à l'Église. Voyant les succès de François de Sales en Chablais, il le jugea, quoiqu'il n'eût que 30 ans, à la hauteur de cette difficile mission. L'Apôtre obéit.

Ce fut le 8 avril 1597 qu'il put aborder Bèze pour la première fois. Tout étonné qu'il fût d'une démarche si audacieuse, Bèze n'osa refuser l'entrée de sa chambre à son jeune visiteur, subjugué qu'il fut par sa courtoisie, sa noblesse et sa vertu. L'entretien dura même trois heures. De cette longue conférence, citons un seul trait. « Monsieur, demanda François, « peut-on faire son salut dans l'Église romaine ? » Après un quart d'heure de silence, accompagné d'une étrange agitation : « Oui, répondit Bèze, il n'y a pas « de doute qu'on ne puisse se sauver dans l'Église « romaine : elle est même la Mère-Église [1]. » — « Mais alors, reprit François, pourquoi les calvinistes « ont-ils versé tant de sang, afin d'établir leur reli- « gion en France ? Pourquoi tant de guerres, de mas- « sacres et d'incendies ? » Bèze, qui avait souvent sonné la trompette des guerres de religion, poussa un profond soupir, et, d'une voix tremblante, répondit que la religion calviniste rendait le salut plus facile

---

1. Telle fut aussi la réponse que firent : 1° les ministres cal-vinistes à Henri IV ; 2° les ministres luthériens à Louis-Rodolphe, duc de Brunswick, dont la fille, Elisabeth-Christine, abjura le protestantisme comme Henri IV ; 3° Mélanchton lui-même à sa mère mourante. Comme elle lui demandait solennellement quelle était la meilleure, de la religion protestante ou de la religion romaine : « La protestante est la plus facile, dit Mélanchton, « la romaine est la plus sûre. »

en proclamant que *la foi sans les œuvres* suffit pour être sauvé. François lui cita les paroles que l'Évangile met dans la bouche de Jésus-Christ au jour du Jugement : « Allez, maudits, au feu éternel, car j'ai « eu faim, et vous ne m'avez pas donné à manger ; « j'ai eu soif, et vous ne m'avez pas donné à boire ; « j'ai été en prison, et vous ne m'avez pas visité. » (Matth. 25-42.) « Si les œuvres ne sont pas néces- « saires au salut, ajouta-t-il, comment serait-on « damné pour ne les avoir pas accomplies[1] ? » Bèze rougit, se répandit en invectives et rompit la conférence.

François revint deux autres fois à Genève auprès de l'illustre vieillard. Pour le dégager des liens de l'intérêt, il lui offrit même une pension annuelle de quatorze mille francs[2]. Le vieillard serra la main de François avec émotion et de profonds soupirs, mais ce fut inutile. « Par un secret jugement de Dieu, dit « Pie IX, les dispositions criminelles de Bèze l'avaient « rendu indigne de rentrer dans le sein de l'Église. » Ce malheureux apostat eut, il est vrai, des velléités de conversion ; son changement fut si marqué que les calvinistes, qui jusqu'alors avaient enflé son mérite, répandirent le bruit que l'âge avait affaibli sa raison. Bèze, tourmenté, voulut même s'enfuir secrètement de Genève. Mais on le soumit jusqu'à sa mort à une captivité forcée. Il avait été l'idole de son parti ; il en fut la victime.

1. Charl. Aug., l. III, p. 133. — 2. Hamon, l. II, c. 4.

IV.

Si Genève fut sourde à la voix du saint Apôtre, le Chablais continuait à s'avancer à pleines voiles vers le port de la vérité. François n'avait pas encore eu sa dernière conférence avec Bèze, que déjà une quinzaine de paroisses de cette province renaissaient de leurs cendres [1]. Aussitôt que la foi commençait à s'y rallumer, François chargeait quelque ecclésiastique d'alimenter le feu sacré, et l'installait volontiers lui-même. Un jour qu'il accompagnait à Bellevaux un digne et saint prêtre, les habitants, encore obstinés dans l'hérésie, ne voulurent donner aux serviteurs de Dieu ni logement, ni vin, ni siége, et ne leur vendirent qu'à grand prix un peu de pain noir, de fromage et d'eau [2]. « Voilà la vie apostolique ! » dit gaiement François à son compagnon. Dans des hommes si mortifiés pouvait-on ne pas voir de véritables messagers du ciel ?

V.

Mais Satan appesantissait son joug sur le Chablais, à mesure que François y étendait le règne de Jésus-Christ. Les possessions se multipliaient, les obsessions aussi. Le pieux prévôt eut alors recours aux exorcismes, et Satan dut battre en retraite. Grand fut

1. Charl. Aug., l. III, p. 129 et 148. — 2. Ib. 148.

l'embarras des ministres. Pour en sortir, les uns se mirent à dire, comme autrefois les Juifs au Sauveur, que François tenait son pouvoir du prince des démons; les autres osèrent nier jusqu'à l'existence des esprits mauvais. Le savant missionnaire leur répondit par un traité sur la *Démonomanie*, véritable chef-d'œuvre, à en juger par les analyses qui, seules, nous en restent [1].

VI.

Plus le champ s'agrandissait, plus il demandait d'ouvriers. Aussi, Mgr de Granier envoya-t-il plusieurs auxiliaires à l'Apôtre du Chablais : c'étaient les Fils de saint Ignace, de saint Dominique et de saint François d'Assise. Parmi ces derniers, on remarquait le P. Chérubin, de Maurienne Grâce à ces zélés collaborateurs, François vit sa mission toujours plus florissante. Un de leurs premiers soins fut de célébrer avec tout l'éclat possible la cérémonie des Quarante-Heures trois jours de suite. La solennité, fixée au 7 septembre 1597, se fit à Annemasse, bourg situé presque aux portes de Genève. Les Exercices réussirent à merveille. Dès le premier jour, on y vit, sous la présidence de Mgr de Granier, une foule immense, qui ne comptait pas moins de trente mille catholiques, parmi lesquels les confrères de la Sainte-Croix d'Annecy, venus la plupart à pieds nus. François érigea solennellement une croix monumentale sur la route

1. Hamon. l. 2, c. 4, p. 252.

2*

qui conduisait à Genève, heureux de remplacer ainsi
un crucifix célèbre abattu par les réformateurs, et
de réparer les outrages qu'avait essuyés si longtemps
le glorieux instrument de notre salut. Le P. Chérubin
fit alors entendre sa parole de feu et sa voix reten-
tissante. L'émotion fut à son comble, et les protestants eux-mêmes disaient avec larmes : « Dieu est là,
« et nous n'avons jamais rien vu de pareil. » Les deux
jours suivants, même affluence : les processions se
succédèrent sans interruption jusqu'à la fin. A elle
seule, celle du bailliage de Ternier compta six à sept
mille hommes, parmi lesquels sept cents nouveaux
convertis [1]. Telles furent, selon le mot de notre Apôtre,
« les prémices de la grande moisson [2] » qu'on allait
recueillir.

VII.

Ce fut alors que François put enfin établir à Thonon une maison de Jésuites, qui devint pour cette
ville une source de bénédictions. Non pas cependant
qu'entre François de Sales et quelques-uns de ses
collaborateurs, il régnât toujours la plus parfaite
entente. Persuadé qu'on prend plus de mouches avec
une cuillerée de lait qu'avec cent barils de vinaigre,
François disait souvent : « L'amour et l'affection ont
« plus d'empire sur les âmes, je ne dis pas seulement
« que la sévérité et la rigueur, mais que la force
« même des raisons [3]. » Inflexible pour les principes,

1. Charl. Aug., 160. — 2. Œuvres. T. IX, 19. — 3. Hamon, I, 285.

il était la douceur même dans les formes, et c'est ainsi qu'il donnait aux calvinistes le nom de *frères*. Un peu différents étaient le langage et les vues de plusieurs de ses auxiliaires, surtout du P. Chérubin, cœur apostolique, homme de doctrine, mais caractère fougueux. Le Saint eut à souffrir de ces divergences. Il traversa l'orage l'âme sereine et tranquille, rendant à ses censeurs le bien pour le mal, et ne déviant jamais de sa parfaite douceur.

VIII.

Exténué de fatigue, François vint passer quelques jours à Annecy, où l'appelaient d'ailleurs des affaires importantes. En y arrivant, il trouva la ville consternée : une affreuse contagion en décimait les habitants. Loin de se reposer, François se mit aussitôt au service des pestiférés. Il travaillait jour et nuit à lutter contre le fléau, lorsque l'épidémie finit par l'atteindre. Sa vie fut bientôt en danger, et sa guérison désespérée. Annecy, consterné, leva alors les bras vers le ciel. Mgr de Granier, désolé de perdre son bras droit, joignit ses prières à celles de son peuple. Dieu les exauça; et le prévôt put reprendre ses travaux apostoliques.

Quelle joie pour son cœur quand il apprit que le P. Humœus, jésuite, avait converti 10,000 hérétiques en six mois [1], et que partout les ouvriers évangéliques

1. Ham. l. 2, ch. 5.

recueillaient d'abondantes moissons! Ce qui mit le comble à sa joie, ce fut le traité de Vervins, conclu, le 2 mai 1598, entre la France et Philippe. II d'Espagne, auquel s'était joint le duc de Savoie. Préparé par l'abjuration et l'avénement de Henri IV, négocié par le cardinal Alexandre de Médicis, légat de Clément VIII, ce traité mettait un terme provisoire aux guerres civiles dont la Réforme ensanglantait la France depuis trente-cinq ans ; il rendait aussi quelque paix à l'Europe, hélas ! sans y éteindre le foyer de dissension qu'avait allumé le protestantisme. Pour le Chablais et le bailliage de Ternier, désormais assurés à Charles-Emmanuel Iᵉʳ, il dissipait la crainte d'une nouvelle invasion bernoise, cet épouvantail que les ministres avaient placé devant la porte de l'Église, et ouvrait ainsi une ère nouvelle, celle d'une pleine Renaissance catholique, dernière phase de la mission du Chablais.

CHAPITRE IV.

QUATRIÈME PÉRIODE DE LA MISSION DU CHABLAIS.

(Mai 1598. — Janvier 1601.)

I. François ressuscite un mort. Les Quarante-Heures de Thonon.
— II. Charles-Emmanuel I affermit le catholicisme en Chablais. — III. François de Sales consent à devenir coadjuteur
de Mgr de Granier. Il tombe gravement malade. — IV. Son
voyage à Rome : il subit un examen et en sort couvert de
gloire. — Son séjour à Turin. — V. Il fonde la Sainte-Maison
de Thonon. — VI. Il publie l'*Etendard de la sainte Croix*. —
VII. Son entrevue avec Henri IV et M. de Monglan au sujet
du Chablais. — VIII. Il organise les paroisses du Chablais.
Le traité de Lyon consolide ses travaux.

I.

Le premier événement que l'on rencontre sur le
seuil de cette nouvelle époque, ce sont les Quarante-
Heures de Thonon. Mgr de Granier les avait prescrites
en action de grâces du traité de Vervins, et dans l'espérance d'en voir jaillir, comme de celles d'Annemasse, des sources de grâces pour son diocèse. Tout,
en effet, concourut à rehausser l'éclat de ces solennités. Le duc de Savoie venait de donner aux bénéfices-cures du Chablais les pensions des ministres et
les biens ecclésiastiques possédés par les Chevaliers
des Saints-Maurice-et-Lazare : il promit néanmoins

de couvrir toutes les dépenses de ces fêtes, et d'y assister en personne. Clément VIII accorda une indulgence plénière à tous ceux qui s'y rendraient, et envoya pour les frais un appoint considérable. Dieu lui-même permit à l'Apôtre du Chablais de faire, à l'approche des exercices, un miracle qui acheva d'y disposer les esprits, et de mettre un sceau à son autorité. Une femme calviniste avait mis au monde un enfant qui mourut sans avoir reçu le baptême. Inconsolable, la mère portait elle-même au cimetière la petite créature que sa négligence avait privée du paradis. Sur son lunèbre trajet, elle rencontre le pieux prévôt. « Mon père, s'écrie-t-elle, rendez-moi « mon fils assez longtemps pour qu'il puisse être baptisé ! et je me ferai catholique [1] ». François tombe à genoux près du cercueil, et l'enfant revient à la vie. La mère demande au Saint de le baptiser. L'enfant vécut pendant deux jours, durant lesquels tout le monde put constater le prodige. A la vue d'un pareil miracle, une foule d'hérétiques se joignirent à la famille de l'enfant pour revenir à la vraie foi

Aussi, quel concours à Thonon aussitôt que le 20 septembre 1598 eut ouvert les Quarante-Heures ! La Savoie, le Valais, la Suisse, la Bourgogne semblaient s'être donné rendez-vous dans la capitale du Chablais. Quarante processions déroulèrent successivement leurs anneaux pressés devant l'oratoire dressé pour le Saint-Sacrement sur la place contiguë à

---

1. Charles Auguste, l. 3, p. 169.

l'église Saint-Augustin. Toutes étaient saluées dans une allocution pathétique par un des trois orateurs des exercices : François de Sales, le P. Chérubin et Louis de Sales, ouvriers infatigables qui ne descendaient de chaire que pour siéger jour et nuit au saint Tribunal ou recevoir les abjurations qui se faisaient par groupes de centaines.

Ce ne fut là, cependant, que le prélude des Quarante-Heures, que l'on recommença quelques jours après. Charles-Emmanuel I et le cardinal-légat, Alexandre de Médicis, arrivèrent à Thonon dans l'intervalle avec un cortége magnifique. Ils y étaient attendus par l'évêque de Genève et par celui de Saint-Paul-Trois-Châteaux. Le duc présenta François de Sales au légat, en lui disant : « Monseigneur, voici « le véritable apôtre du Chablais [1] ». Le cardinal embrassa François avec effusion, en lui adressant les plus belles félicitations. Les Quarante-Heures s'ouvrirent, le 1er d'octobre, dans l'église Saint-Augustin, splendidement parée, et en présence de dix mille pèlerins [2]. Le légat y reçut l'abjuration publique du ministre Petit et d'autres notabilités, nouvelles conquêtes de François. Ensuite Mgr de Granier célébra la messe, et l'on fit avec toute la solennité possible la procession du Très-Saint Sacrement dans les rues de Thonon, transformées en sanctuaires. Le duc de Savoie et son frère aîné, aidés par les deux avoyers de Fribourg, voulurent porter le dais de leurs mains royales.

1. Chapl. Aug., 173. — 2. Ib. 177.

A leur suite venaient le cardinal, les prélats, les gentilshommes, les officiers de la cour, les nobles du Chablais et les bourgeois de Thonon, faisant pieusement cortége au Roi des rois. Dès ce jour et pendant les deux suivants, on ne cessa de recevoir des abjurations qui se faisaient par centaines à la fois. Le 2 octobre, Charles-Emmanuel et Amé de Savoie, accompagnés d'une suite brillante, s'approchèrent de la Sainte Table; et quand, à deux heures après minuit, François vint clore les Exercices, le duc était de nouveau là, toujours en prière, s'apprêtant à soutenir encore le dais sous lequel Jésus-Hostie devait rentrer dans l'église Saint-Augustin. Exemple mémorable et d'autant plus touchant que, chez ce grand prince, la bonté était égale à la foi ! C'est ce qu'il avait montré à son entrée à Thonon, en accordant, sur la prière de Mgr de Granier, une pleine amnistie aux traîtres qui, en 1594, avaient appelé les Bernois et les Génevois à l'appui de leur rébellion, et cherché à mettre Thonon entre leurs mains.

II.

Mais n'est-il pas des natures qui se raidissent contre les procédés les plus bienveillants? Charles-Emmanuel allait en rencontrer, et leur montrer que s'il avait des entrailles de père, il savait aussi, au besoin, tirer le glaive que Dieu lui avait confié. Berne fut la première à s'en convaincre. Mère nourricière de l'hérésie, cette ville demandait la conservation de trois ministres au moins en Chablais. Ce qui compliquait beaucoup la question, c'est que ce prince, encore en différend avec Henri IV pour le marquisat de Saluces, était grandement intéressé à ne pas froisser les Bernois, de peur qu'en cas de guerre ils ne prissent les armes contre lui. Aussi réunit-il son conseil, le 4 octobre, pour aviser à ce qu'il devait faire. Les politiques opinèrent, naturellement, pour la tolérance. Bien différent fut l'avis de François de Sales. « Monseigneur, dit-il au duc, laisser les ministres dans cette province, c'est perdre vos terres ; et ce qui est bien autre chose, c'est perdre le ciel, dont un pied de largeur vaut mieux que tout l'univers ensemble: il ne saurait y avoir de convention entre Jésus-Christ et Bélial [1]. » Le prince goûta ce langage apostolique, et comme on lui représentait que, si l'on rompait avec les Bernois, ceux-ci pourraient épouser la cause du roi de France : « Moins de terre, s'écria-t-il dans un langage sublime, et *davantage* de ciel ! Que ces ministres sortent donc ! » Les députés suisses ayant ensuite renouvelé leurs instances : « J'y consens, répliqua le duc, à la condition que vous recevrez aussi les prêtres qu'il me plaira d'envoyer à Berne ». Cette parole leur ferma la bouche et pour cause ; car, s'ils voulaient toute liberté pour le calvinisme, ils n'en voulaient aucune pour la religion catholique.

Après les Bernois, les tenants de l'hérésie en Cha-

1. Dép. Ste J. de Chantal, art. 28. Charles August. p. 179.

blais purent se convaincre de la sage fermeté de Charles-Emmanuel I. A la prière de François de Sales, le duc avait, entre autres mesures, soustrait les enfants de Thonon au maître d'école hérétique, privé les calvinistes de toutes charges publiques et interdit leur culte scandaleux [1]. Néanmoins, parmi les notables du Chablais, Calvin comptait encore bien des partisans et Berne bien des amis. Laisser ce levain corrupteur fermenter au sein d'un pays fraîchement converti et voisin de Berne et de Genève, c'eût été pécher grandement au double point de vue politique et religieux. Donc, le 6 octobre, le duc réunit à la maison de ville de Thonon tous ces suppôts d'anarchie religieuse et sociale, et là, devant une assemblée d'élite, il les pressa de changer *les noires couleurs de l'hérésie contre la croix blanche*, armoiries de la Maison de Savoie. Le P. Chérubin et François de Sales ajoutèrent leurs instances à celles du prince. Leur parole trouva écho dans presque tous les cœurs. Il y eut cependant un petit groupe de personnages qui restèrent sourds à tous ces appels, entre autres le colonel Brotty. Alors le duc, se tournant contre ces opiniâtres, leur ordonna de quitter ses États dans les trois jours. et cette sentence fut exécutée sans retard. Cette mesure choquera peut-être nos idées modernes. Qu'était-elle, toutefois, en présence des lois de sang que firent contre le catholicisme Genève, la Suisse et l'Angleterre, en poursuivant pendant deux siècles, par la

1. Œuvres de saint François, T. VIII. 188.

confiscation, l'exil et la mort, la religion qui avait civilisé l'Europe, comme elle avait *fait la France ?*
Qu'était-elle surtout en face de la longue période de
paix politique et d'unité religieuse que Charles-Emmanuel ouvrait pour le Chablais et préparait à ses États,
en écartant une poignée de gens obstinés qui ne tardèrent point, d'ailleurs, à revenir de leur entêtement?

Cette mesure prise, il restait à organiser le culte
catholique en Chablais. A cet effet, Charles-Emmanuel
affecta les revenus de plusieurs bénéfices ecclésiastiques à la restauration des églises [1]. Il signa aussi, le
12 octobre 1598. trois décrets [2], et, le 13 novembre,
quinze ordonnances [3] qui mirent le catholicisme en
Chablais à l'abri des réactions et des retours de l'impiété. Le Chablais et Ternier retournèrent ainsi au
giron de l'Église au *nombre de soixante-quatre paroisses.*
comme François de Sales lui-même l'écrivit à Clément VIII [4]. L'évêque de Genève eût désiré récompenser le pieux prévôt du service qu'il avait rendu
au diocèse. Ne le pouvant à son gré, il lui fit offrir
une somme qui pût l'indemniser des dépenses qu'il
avait dû faire. François refusa tout. « Le bon évêque,
« dit Charles-Auguste. ayant su ce refus, fut telle
« ment étonné, qu'il ne trouva point de paroles pour
« louer dignement la sainteté de celui qui l'avait
« fait [5] ».

1. Œuvres du Saint, T. VIII, 190. — 2. Charl. Aug., 184.
3. Œuv. comp., VIII, 191. — 4. Ib. VI, 15. Pour l'état de ces
paroisses, Charl. Aug., 185. Œuv. comp., 6, 27.— 5. L. IV, p. 201.

III.

Cependant le vénérable de Granier, se sentant fléchir sous le poids des années et de l'épiscopat, cher-
chait autour de lui qui pourrait l'aider à porter le
fardeau de la charge pastorale. La voix de la chair et
du sang lui eût conseillé de prendre son neveu, l'abbé
de Chissé; qui déjà remplissait très-dignement les
fonctions de vicaire général et d'official. Mais si cet
ecclésiastique était digne de porter la mitre, le prévôt de la cathédrale l'était davantage encore. L'évêque le choisit pour coadjuteur avec future succession.
Mais le moyen de faire accepter cet honneur à l'humble prévôt ? Autant il avait autrefois enseveli avec
bonheur les espérances d'un brillant avenir sous les
modestes plis de l'habit clérical, autant il tenait à ne
point échanger contre la soutane violette son habit
de simple prêtre ! Mandé auprès de son évêque qui
voulait lui faire cette communication, il opposa aux
instances du prélat un refus de plus en plus prononcé. Mgr de Granier eut beau obtenir l'agrément
du duc de Savoie, il eut beau mettre en jeu les parents
et les amis du prévôt, il échoua trois fois contre son
invincible modestie.

L'évêque de Genève se déterminait néanmoins à
envoyer François de Sales à Rome. Deux motifs l'y
engageaient. Henri IV tendait à empêcher Charles-
Emmanuel I, au nom du traité de Vervins, de pouvoir faire la guerre à Genève : c'était autoriser les

Génevois à maintenir leurs lois anti-catholiques et leur abandonner les biens ecclésiastiques qu'ils n'avaient pas encore restitués. D'un autre côté, l'Ordre des Saints-Maurice-et-Lazare refusait de rendre en Chablais les bénéfices ecclésiastiques que leur avait cédés Grégoire XIII, bien qu'il eût été stipulé dès le principe qu'ils ne les posséderaient que jusqu'au rétablissement du culte catholique : or, ces bénéfices étaient nécessaires à la dotation du clergé et à l'entretien des églises. Il s'agissait donc d'obtenir de Clément VIII une intervention favorable dans ces deux affaires. Mais qui donc mieux que le prévôt pouvait traiter ces délicates questions ?

Toutefois, avant de l'envoyer à Rome, Mgr de Granier livra un dernier assaut à sa modestie pour qu'il consentît à être son coadjuteur. « Allons dire chacun « une messe du Saint-Esprit, dit François au messa- « ger épiscopal venu à Thorens; nous nous la servi- « rons l'un à l'autre, et nous ferons ce que Dieu nous « inspirera [1]. » Après cette messe, le Saint eut une longue extase dont il défendit à son compagnon de rien dire. Mais voyant que la voix publique et les suffrages de tous ses supérieurs se réunissaient pour l'appeler à la charge pastorale, il s'inclina devant la volonté de Dieu, et le fit avec la plus grande confiance. Il savait que si notre faiblesse ne peut rien, « l'obéissance peut tout [2] », et que la véritable humilité « ne juge pas que faire des miracles lui soit

1. Charl. Aug., 204. — 2. Œuvres. T. XI, 426.

« impossible, lui étant commandé d'en faire [1]. » —
« Dieu soit béni ! s'écria Mgr de Granier ! jusqu'à pré-
« sent je n'avais rien fait qui vaille ; mais mainte-
« nant que j'ai obtenu mon fils de Sales pour coad-
« juteur et successeur, j'ai fait beaucoup pour le bien
« de mon diocèse [2]. » Hélas ! aussitôt après cet heureux événement, survint une maladie qui mit François à deux doigts de la tombe. Sa mère, accourue à
Annecy, dut lui annoncer sa fin prochaine. Pendant
que la fièvre dévorait ses forces, l'auguste malade sen-
tait son âme sans cesse ballottée entre la crainte et
l'espérance, entre la foi et des doutes affreux. Sa
vertu triompha de toutes les tempêtes, et jamais peut-
être sa piété ne jeta des flammes plus vives, ni plus
douces, que lorsqu'il fit ses derniers adieux au Chapitre de la cathédrale. Heureusement, le doigt de
Dieu le tira de nouveau du danger, et Annecy, jusque-là consterné, put fêter le rétablissement de celui
que déjà tous regardaient comme un père.

IV.

Une fois rétabli, François prit enfin le chemin de
la Ville Éternelle, avec l'abbé de Chissé, chargé de
solliciter pour lui les bulles de coadjuteur avec future
succession. Non loin de Modène, sa chasteté eut à
soutenir un terrible combat ; mais elle sortit couverte
d'un nouveau lustre. Comment dire l'éclat avec

1. Œuvres. T. III, 327.— 2. Ch.-Aug , 205.

lequel il parut à Rome durant toute la seconde partie de mars 1599? Lorsque son âme se fut épanchée devant la *Confession de Saint Pierre* et dans les catacombes, il présenta à Clément VIII trois requêtes d'une grande importance : une lettre de l'évêque de Genève au sujet du roi très-chrétien, du duc de Savoie et de Genève [1]; une requête en faveur des bénéfices-cures du Chablais et d'autres intérêts du diocèse [2]; une supplique du Chapitre demeurant à Annecy pour son transfert à Thonon [3], tout autant de demandes que le Pape accueillit avec bonté. Ce fut le 19 mars, fête de saint Joseph, que le Pape réserva *in petto* François de Sales comme coadjuteur à l'Église de Genève, dont il devait être la providence et la gloire. Avant de consommer ce grand acte, Clément VIII voulut cependant appeler à un examen solennel celui qui devait briller un jour dans la pléiade des Docteurs.

Glorieuse journée du 22 mars 1599, prélude du doctorat qui fait en ce jour la joie de l'Église, comment ne pas vous rappeler ici! A l'heure fixée, le Pape monte sur son trône. A ses côtés s'assoient huit cardinaux, entre autres Baronius, vingt autres prélats, et de nombreux examinateurs parmi lesquels le célèbre Bellarmin. Devant cette brillante couronne est une foule de spectateurs, telle que la salle a peine à les contenir. Un prélat espagnol, préconisé à quelque siége, est appelé, lui aussi, à subir son examen devant cette auguste assemblée ; mais un frisson gla-

1. Œuvres du Saint. T. IX, 289. — 2. T. VI, 15.— 3. T. VI, 23.

cial le saisit, et, malgré tous les soins, il meurt d'effroi, tant le spectacle est imposant ! Moins ému, parce qu'il est plus humble et plus détaché, François, à genoux, répond aux trente-cinq questions qu'on lui pose, si ardues qu'elles soient, avec une sûreté, une grâce et une modestie qui ravit tous les assistants. Dans son admiration, Clément VIII descend de son trône, l'embrasse avec effusion, et lui adresse ces paroles prophétiques tirées du livre des Proverbes, ch. 5 : « Buvez, mon fils, des eaux de votre citerne et
« de la source de votre puits ; faites que l'abondance de
« vos eaux se répande sur toutes les places publiques,
« afin que tout le monde puisse en boire et se désal-
« térer [1]. »

Nommé évêque de Nicopolis et coadjuteur de Genève, François partit le 31 mars, vénéra le sanctuaire de Lorette, séjourna un mois à Turin pour terminer la délicate affaire des Saints-Maurice-et-Lazare, et arriva enfin à Annecy, où l'attendaient de magnifiques ovations.

V.

Sans s'arrêter à ces triomphes, sans vouloir accepter la moindre part des revenus de l'évêché, sans même consentir à recevoir les onctions et les insignes de l'épiscopat, tant il aimait à rester dans l'ombre, le

1. Charl. Aug., l. IV, 222.

coadjuteur se hâta de mettre la dernière main à la conversion du Chablais.

Un impérieux besoin attira d'abord son attention. Genève et Lausanne avaient comme le monopole du commerce, de l'industrie et des études. C'était donc à ces sources empoisonnées que, du Chablais et des alentours, les catholiques devaient venir puiser la connaissance des lettres, des sciences et des arts, et prendre les choses les plus nécessaires aux usages de la vie. Quel danger pour leur foi et leurs mœurs ! Aux railleries, aux invectives et à l'amorce du plaisir ces deux cités corruptrices joignaient un appât bien autrement séduisant : quiconque abjurait le catholicisme y trouvait des biens, une épouse et d'autres avantages encore [1]. Ainsi se pratiquait déjà ce que l'on a si bien nommé depuis *le commerce des consciences.* Que d'âmes prises à ces piéges perfides !

Il s'agissait donc de neutraliser l'influence de ces centres corrupteurs, en déplaçant le mouvement commercial, industriel et scientifique qui la maintenait. Mais comment y arriver ? Le coadjuteur en découvrit le secret. Il conçut le projet de créer à Thonon un établissement qui fût : 1° une université où s'enseigneraient les sciences, les arts et les métiers ; 2° un refuge où néophytes et non convertis pourraient trouver une position honorable, les uns dans l'enseignement, les autres dans le travail manuel ; 3° un centre commercial pour tout le pays, au moyen des

1. Charl.-Aug., l. IV, p. 232.

profits qui, partagés entre les travailleurs et la maison, permettraient à celle-ci d'acheter et de vendre
quantité de marchandises à un prix très-modéré.
Cette idée était un éclair de génie et toute une fortune.
Accueillie par l'évêque de Genève et le duc de Savoie, elle reçut l'approbation de Clément VIII, le
13 septembre 1599 [1]. Le pape stipula que la Sainte-
Maison (c'était le nom de l'établissement) serait gou-
vernée par un préfet et sept prêtres séculiers remplissant les fonctions curiales et vivant sous les règles de
l'Oratoire de Rome; qu'elle jouirait des priviléges des
universités publiques, serait sous la protection immédiate du Saint-Siége, et aurait pour premier préfet
François de Sales, comme pour premier protecteur,
l'illustre cardinal Baronius.

Le coadjuteur eut bientôt réalisé d'importantes ressources financières pour fonder la Sainte-Maison en
attendant le jour où il lui unit le prieuré de Saint-
Hippolyte. Il en dressa les Constitutions [2]. Il y établit,
sous la main du préfet et de ses assistants, un certain
nombre d'enfants de chœur formant un séminaire;
une station de Capucins chargés d'être les auxiliaires
des curés de la banlieue; un collége où se succédèrent
les Jésuites et les Barnabites; une réunion de nouveaux convertis qui venaient y étudier la religion et,
au besoin, quelque art ou métier; une imprimerie qui
ne tarda pas à rendre de précieux services [3]; enfin, une
confrérie placée sous le vocable de Notre-Dame-de-

1. Charl. Aug., 233. — 2. Œuvres du Saint. T. VI, 58. —
3. Grillet, *Dictionn. hist.* T. I, ch. 6; T. III, art. Thonon.

Compassion et chargée de seconder par ses aumônes et son action les efforts du clergé. Cette œuvre était bénie d'avance. Le ciel l'encouragea de suite par de nouvelles abjurations qui ne laissèrent plus que trois ou quatre calvinistes dans toute l'étendue du Chablais.

VI.

Peu après, le coadjuteur mit au jour un ouvrage vraiment monumental : l'*Étendard de la Sainte-Croix*. En voici l'origine. Si les protestants de nos jours aiment à abriter à l'ombre de la croix le simulacre de christianisme dont ils cherchent à se parer, il n'en était point de même de leurs ancêtres; au XVI° siècle les protestants appelaient idolâtrie le culte de la croix [1]. Lors de la plantation de la croix d'Annemasse, le ministre La Faye, couvert du voile de l'anonyme, avait lancé un pamphlet où sa colère im-

---

1. Ce n'est, d'ailleurs, là, pour nos frères séparés qu'une variation entre mille. On sait ce que rappelait Pie IX, le 5 octobre 1876, aux pèlerins du diocèse de Nantes. Après avoir dit que protestants et incrédules ne sont unis que « dans la haine et la persécution contre le catholicisme », le grand pape ajoutait : « En effet, dans tout le reste, c'est une nouvelle Babel, « une confusion telle que si nous voyions reparaître au milieu « de nous ce grand auteur dont la France se glorifie à si bon « droit, celui qui a écrit l'*Histoire des Variations*, il serait « obligé, à mon avis, de composer plusieurs autres volumes « afin de compléter son œuvre telle que nous la voyons « aujourd'hui. » Il n'en faudrait pas davantage pour juger le protestantisme. « Tu varies : donc tu erres, » disait Tertullien à Marcion.

puissante s'épanchait en diatribes contre le culte de la croix. Mgr de Granier chargea François de la réponse. Malgré ses incessants travaux, l'infatigable apôtre écrivit, en deux ans, un traité magnifique [1].

Des quatre livres qui le composent, le premier est consacré à la vraie croix, le deuxième à l'image de la croix du Calvaire reproduite par le crucifix, le troisième au signe de la croix, le dernier au sens et au degré de l'honneur que l'on rend à la croix. Partout et toujours, le docte apologiste définit la doctrine catholique avec une clarté, une concision et un nerf admirables; il la prouve tantôt avec une logique serrée, tantôt en jetant à pleines mains les textes de l'Écriture et les trésors d'une immense érudition, sous le poids de laquelle on se sent comme écrasé d'admiration. Loin d'amoindrir la vérité par une excessive délicatesse de langage, il ne craint pas, à l'exemple du divin Maître et de son Précurseur, d'infliger d'une main paternelle à son *petit traiteur* [2] la verge de la correction, montrant *ses finesses cousues de fil blanc* [3], fustigeant *sa témérité, qui n'a ni front ni respect, mais qui tient ses conceptions pour des divinités* [4], et lui présentant des aliments substantiels. hélas! *de mauvaise digestion* [5] pour un estomac déshabitué de toute nourriture solide. En un mot, ce traité est un vrai modèle d'apologie et de polémique religieuse. On l'a dit. en effet, dans la polémique religieuse, l'écrivain doit imiter l'abeille qui s'applique avant tout à faire

1. T. IX. — 2. Ib., p. 43. — 3. Ib. p. 217. — 4. 134. — 5. 221.

son miel, mais qui sait au besoin lancer son aiguillon pour défendre sa ruche. « *Sponte favos, ægre spicula : du miel volontiers, l'aiguillon à regret* », telle était la devise d'un illustre évêque.

VII.

Au moment où l'Apôtre du Chablais couronnait ainsi ses travaux apologétiques, il éclata entre Henri IV et Charles-Emmanuel I une guerre à la faveur de laquelle le Chablais pensa être de nouveau englobé dans les réseaux du protestantisme. Longtemps en différend pour le marquisat de Saluces, ces deux princes avaient conclu que ce pays resterait à la couronne de Savoie, mais que la Bresse passerait à celle de France. Or le duc de Savoie revendiquait la Bresse, sous prétexte qu'il avait signé le traité sous l'empire de la crainte. Henri IV lui déclara la guerre, et, ayant envoyé des armées contre la Savoie et la Bresse, il se dirigea lui-même contre le Chablais et le Faucigny. Genève et Berne ne manquèrent pas de saisir une si belle occasion de propagande. Elles présentent leurs services à Henri IV, et leurs offres sont agréées. Aussitôt elles demandent au roi d'étendre au Chablais et au bailliage de Ternier l'édit de Nantes par lequel il avait permis en France l'exercice du culte protestant. C'était rentrer dans ces pays par une porte aussi grande que possible.

Effrayé, le coadjuteur se hâte de conjurer le danger. Il part pour Grenoble, et obtient du duc de Ne mours une lettre pour le roi de France. Il vient à Annecy auprès de ce monarque. Digne appréciateur du mérite, Henri parle au Saint prélat, durant toute l'entrevue, le chapeau à la main, et lui promet, « *foi de Roi* », qu'il n'y aura rien de changé pour la religion en Chablais. Sachant enfin qu'à l'instigation des Génevois, M. de Monglan, gouverneur calviniste du château des Allinges, a réuni aux domaines royaux les bénéfices possédés par l'Ordre des Saints-Maurice-et-Lazare, François arrive jusqu'à lui, après avoir été fait prisonnier de guerre, et obtient, avec la main-levée de tous les biens annexés, la protection du gouverneur du Chablais. Le triomphe était complet.

VIII.

Grâce à cette victoire, Mgr de Genève, venu à Thonon, organisa définitivement avec son coadjuteur l'administration religieuse du Chablais. Les bénéfices enlevés aux chevaliers des Saints-Maurice-et-Lazare furent répartis entre les paroisses; on rétablit trente-cinq églises paroissiales [1]; on leur adjoignit vingt-neuf annexes, qui devaient plus tard recouvrer leur autonomie; on réunit les paroisses limitrophes en faisceaux de trois ou quatre paroisses, pour que les prêtres pussent s'entr'aider plus facilement [2]; enfin, on désigna des pasteurs capables d'y faire fleurir la religion.

1. Charl. Aug., p. 246. — 2. Ib. 249.

Le 7 janvier 1601, Henri IV et lé duc de Savoie signèrent à Lyon un traité de paix, dû à l'intervention de Clément VIII et à l'habileté du cardinal Aldodrandino, son légat. La Savoie garda Saluces, mais en échange de la Bresse, du Bugey, du Valromey, de Gex et de sept paroisses le long du Rhône. Dès lors l'arbre du catholicisme, laissé à son libre développement, put pousser de vigoureuses racines dans le terrain défriché par l'Apôtre du Chablais. Il le fera, malgré l'ombre meurtrière projetée sur ses rameaux par les murs de Genève, la Rome protestante.

CHAPITRE V.

(1601-1610.)

I. Premier carême d'Annecy et mort de M. de Boisy. — II. Conversion du bailliage de Gaillard. François va à Paris plaider les intérêts religieux du pays de Gex. Il prêche le carême de 1602 au Louvre, dirige la Bienheureuse Marie de l'Incarnation, contribue à l'établissement des Carmélites en France, refuse plusieurs faveurs de Henri IV.— III. Jubilé de Thonon et mort de Mgr Granier. — IV. François termine certains travaux et se met en retraite. Son règlement, son sacre, son entrée à Annecy. — V. Ordre qu'il établit dans son intérieur, dans son entourage et dans son diocèse. — VI. Voyages et travaux divers. Synode diocésain. — VII. Carême de 1604 à Dijon. — VIII. Carême de 1605 à La Roche. Synode et visites pastorales. — IX. Carême de 1606 à Chambéry et autres travaux. — X. Carême de 1607 à Annecy. État du diocèse de Genève. — XI. François fonde l'*Académie Florimontane*, et intervient dans la controverse *de Auxiliis*. — Carême de 1608 à Rumilly. Voyage en Franche-Comté et en Bourgogne. — XIII. L'*Introduction à la vie dévote*. — XIV. François et Mgr Camus, évêque de Belley. François se rend à Gex en traversant Genève.— XV. Il perd sa mère. Mort de Henri IV. Il prélude par plusieurs créations et réformes monastiques à l'établissement de l'Ordre de la Visitation.

I.

A peine François de Sales eut-il placé la clef de voûte à l'édifice de la foi en Chablais. qu'il se mit en mesure de prêcher le carême de 1601 dans l'église Saint-Dominique, à Annecy. Il se préparait à cette importante prédication, quand il fut mandé auprès de son père, M. de Boisy, âgé de soixante-dix-neuf ans et gravement malade. Immédiatement il partit pour Thorens. Quelle joie pour M. de Boisy que la vue de ce fils qui, à trente-trois ans, était l'orgueil de sa famille, l'apôtre d'une grande province, le coadjuteur et l'héritier futur d'un siége considérable, l'admiration de Rome elle-même ! Et quelle récompense de la foi avec laquelle il l'avait consacrée au service des autels ! Mais ce ne fut pas la seule consolation du bon vieillard. Dans François, M. de Boisy voyait son père selon la grâce, aussi bien que son fils dans l'ordre de la nature. Il lui fit sa confession générale, communia trois fois de sa main, et reçut de sa bouche des enseignements dont il ne pouvait assez se rassasier. Cependant on touchait au carême, et les médecins s'accordaient à dire que M. de Boisy était encore assez fort pour aller jusqu'à Pâques. Sacrifiant, comme toujours, les penchants du cœur aux exigences du devoir, François prit congé de son père, ainsi que ce bon vieillard le lui conseillait lui-même. Ce ne fut pas sans se donner avec effusion, le père au fils d'abord, puis le fils au père, une bénédiction suprême que le ciel ne manqua pas de ratifier. Ce ne fut pas non plus sans garder l'un et l'autre l'espérance de se revoir après les travaux de la station. Quel coup de foudre pour le Saint quand, le 5 avril, au moment où il allait prêcher sur la résurrection de Lazare,

il entendit un imprudent messager lui dire, sans pré-
ambule, que son père venait de mourir !!

Qu'eussions-nous fait à une semblable nouvelle ?
François leva les mains et les yeux au ciel, adora en
silence le Père céleste, et, sans faiblesse aucune, prêcha avec son onction, sa force et sa présence d'esprit
habituelles. Seulement, quand, à la fin du discours, il
demanda des prières pour le cher défunt, son cœur,
si fortement comprimé, éclata, les larmes inondèrent
son visage, et gagnèrent bientôt son auditoire tout
entier. François s'agenouilla aux pieds d'un autel
pour entendre deux messes, et alla présider aux funérailles de son père. Durant la triste cérémonie, il sut
à la tendresse du meilleur des fils joindre cette pleine
possession de soi-même dont les saints ont le secret.
La mort de M. de Boisy laissait une plaie profonde
dans l'âme de sa veuve, de ses enfants et de ses domestiques. Heureux de répandre sur cette plaie le
baume des consolations religieuses, François confessa et communia tous les membres et tous les serviteurs de sa famille qui trouvait en lui un second
père. Dès le 7 avril, il vint reprendre le cours de ses
prédications, et ce fut avec tant de fruit que, sous sa
parole, Annecy devint semblable à une communauté
religieuse [1].

1. Charles Auguste, 1. V, 252.

II.

Après ces travaux tout apostoliques, François dut
en entreprendre d'autres d'un genre bien différent et
d'une importance bien supérieure encore.

Le bailliage de Gaillard, composé de 7 ou 8 paroisses, une fois rendu au duc de Savoie, en vertu du
traité de Lyon, ce prince y envoya comme gouverneur le capitaine Basterga, fervent catholique. En
peu de temps, la face de ce pays fut complétement
renouvelée, et la religion y recouvra son lustre
d'autrefois. Battue sur ce point, Genève voulut prendre sa revanche dans le bailliage de Gex. Bien que le
baron de Luz, qui avait pris possession de ce bailliage
au nom de Henri IV, n'y eût rétabli que trois cures,
alors qu'il y avait eu près de quarante paroisses, les
Génevois demandèrent au roi de France de rester les
maîtres et propriétaires de plusieurs villages enclavés
dans ce territoire. Inutile de faire observer la portée
de cette demande : elle livrait tout un bailliage à la
contagion de l'hérésie. Il s'agissait de conjurer sans
retard la tempête qui menaçait de nouveau ce malheureux pays. Le 3 janvier 1602, François partit pour
la capitale de la France, accompagné du président
Favre et de Georges Roland.

Arrivés près de Macon, les voyageurs trouvèrent la
Saône grossie par la fonte des neiges, soulevée par le
vent et toute écumante de vagues furieuses. Pour passer la rivière, ils n'avaient qu'un bateau bien léger. De

tous les compagnons de François, aucun n'osait entreprendre une si périlleuse traversée. Il n'en fut pas de même du Saint. Tout retard pouvant nuire aux intérêts sacrés qu'il allait défendre; il compte sur la protection de Celui qui commande aux vents et à la mer. Sur sa parole, on tente le passage. Affreuse déception ! Au milieu de la rivière, le bateau est battu, il est soulevé avec une violence extrême. Passagers et mariniers, tous pâles d'effroi, ne songent plus qu'à se sauver à la nage. Loin de partager ces craintes, François continue de prier avec le même calme que s'il eût été au pied d'un autel, et il assure à ses compagnons qu'ils arriveront tous sains et saufs à bon port. Effectivement, la petite barque, soulagée, touche bientôt à l'autre rive. Les voyageurs, attribuant tous leur salut à François, vont tous l'en remercier. « Il faut toujours avoir bonne confiance en Dieu [1], » leur dit le Saint en détournant ces discours. L'Esprit-Saint propose à notre imitation la foi de saint Paul, quand, sur la parole d'un ange [2], il dit dans une circonstance analogue : « Aucun d'entre nous ne périra. » Quel est des deux apôtres celui dont la confiance est plus digne d'admiration ?

III.

Arrivé à Paris le 22 janvier, François demanda qu'à la teneur de l'édit de Nantes [3], on rétablît la reli-

---

1. Ch. Aug., l. V, 257. — 2. Act. Ap., 27, 23. — 3. Œuv. comp. du Saint, T. VIII. 187.

gion catholique dans tous les lieux du bailliage dé Gex
où s'était implantée la réforme, et qu'on y restituât les
biens ecclésiastiques à qui de droit, autant qu'il se pouvait [1]. Cette requête, si motivée qu'elle fût, ne laissa pas
que de rencontrer mille et mille difficultés. C'étaient
les agissements des protestants ; c'étaient surtout les
raisons politiques qu'alléguait Villeroi, ce ministre
d'État qu'Henri IV avait investi de toute sa confiance.

Pendant les lenteurs de la procédure, la Providence fit de François l'apôtre de toute la capitale. Il
débuta dans ce ministère en prêchant le Carême de
1602 dans la chapelle du Louvre. Ses prédications
étaient à peu près improvisées : elles n'en firent pas
moins une profonde sensation à la cour comme dans le
monde ecclésiastique et savant. Ce fut alors qu'il prit
aux filets de la divine parole Mme de Perdrauville,
calviniste obstinée, et cela, chose remarquable! dans
un discours où il n'était point question de controverse. Tant il est vrai que, comme il le conclut lui-
même, « qui prêche avec amour, prêche assez contre
« l'hérétique, quoiqu'il ne dise un seul mot de dis-
« pute contre lui [1] ». L'admiration fut à son comble
quand on sut qu'il avait refusé une magnifique bourse
remplie d'écus d'or, que la duchesse de Longueville
lui avait envoyée à titre d'honoraires.

Le carême à peine fini, le coadjuteur fut appelé à
Fontainebleau, où séjournait Henri IV. Le roi le pria
de prêcher, et fut ravi d'admiration. François dut en-

1. Lett. 2 décemb. 1609. T. IX, 390.

suite prononcer à Notre-Dame l'oraison funèbre du duc de Mercœur, mort lieutenant-général de l'empereur Rodolphe II [1]. Tout en passant sous silence la part glorieuse que le défunt avait prise aux luttes de la Ligue, comme les circonstances l'exigeaient, l'orateur sut tirer des seules guerres soutenues contre les Turcs un magnifique éloge de son héros et de grandes leçons pour ses auditeurs. — Les églises de Paris se disputaient toutes le bonheur d'entendre M. de Genève, et François dut monter en chaire cent fois au moins [2].

Henri IV l'appelait « le phénix de tous les prélats[3] ». Ce prince avait un secrétaire nommé M. Deshayes, qui était l'ami du Saint. « Deshayes, lui dit un jour le « roi, qui aimez-vous mieux de M. de Genève ou de « moi [4]? » — « Sire, répondit le gentilhomme embar« rassé, vous êtes mon maître et mon souverain. En « cette qualité, je vous dois respecter et aimer incom« parablement plus que personne. » — « Laissons là « le devoir, reprit le Béarnais avec sa malicieuse « bonhomie; avouez-moi franchement lequel des deux « vous préférez, ou lui, ou moi. » — « Sire, dit alors « Deshayes, j'avoue que j'éprouve à l'égard de M. de « Genève une amitié plus douce et plus sensible, « laquelle ne peut pas souffrir de comparaison, car elle « est à son plus haut degré. » — « Je n'en suis pas « fâché, répondit Henri IV en souriant; seulement,

1. Œuv. du Saint, T. V, 465. — 2. Dép. sainte J.-F. Chantal, art. 35. — 3. Ham., l. 3, c. 4. — 4. De Maupas, p. 3, ch. 11.

« dites-lui de ma part que je désire faire le troisième
« en cette amitié. » La noire envie n'en essaya pas
moins d'indisposer ce prince contre le serviteur de
Dieu. Quand Henri IV eut fait arrêter le maréchal de
Biron et le baron de Luz, comme coupables, avec le
duc de Savoie et le roi d'Espagne, d'une conspiration
contre l'État, on osa se prévaloir d'un soupir que
François avait poussé devant le tombeau du maréchal, pour l'accuser d'avoir trempé dans le complot.
« Si ma réputation est tant soit peu utile au bien de
« la religion, répondit François en apprenant cette ca-
« lomnie, Dieu en prendra soin ; si elle lui est inutile,
« je ne m'en soucie pas [1]. » Henri IV ne tomba point
dans le piége. Loin de rien diminuer de la haute
estime qu'il avait pour le coadjuteur, il essaya jusqu'à
cinq fois de le retenir en France par l'appât de riches
bénéfices, et, quand le saint prêtre l'eut remercié de
ces faveurs : « M. de Genève, dit-il, votre modestie
« vous met au-dessus de moi. Je me crois au-dessus
« de cent qui briguent mes bienfaits, mais je suis au-
« dessous de cent qui les refusent [2]. »

Ce ne fut pas en vain que ce roi retint saint François de Sales « *pour l'avancement de la piété en sa*
« *grande et bonne ville de Paris* [3]. » L'homme de Dieu
y fut l'âme de plusieurs œuvres de la première importance. Il dirigea l'abbesse de Montmartre dans la réforme de son monastère. Il encouragea puissamment

1. Charl. Aug. 265. — 2. Ham., 1, 422. — 3. M. de Chaugy,
ch. XVII.

M. de Bérulle à fonder l'Oratoire de France. Il fut surtout une providence pour Madame Acarie, depuis la B. Marie de l'Incarnation, fondatrice des Carmélites. Depuis longtemps, Madame Acarie pratiquait la vie la plus parfaite, lorsque, à l'arrivée de M. de Genève, elle se fit son humble pénitente. De son côté, l'homme de Dieu ne craignait pas de faire chaque jour, une heure de route, pour puiser dans ce vase d'élection quelque peu des célestes parfums que le Saint-Esprit s'était plu à y répandre[1]. Quand ces deux âmes d'élite se furent ainsi connues, elles s'unirent à des personnages de mérite pour solliciter du roi, de l'évêque et du pape les autorisations nécessaires pour l'établissement des Carmélites. Grâce à leurs efforts, les Filles de sainte Thérèse vinrent d'Espagne à Paris; et de là, la précieuse semence se répandit sur plusieurs points de la terre de France, cette terre toujours féconde en nobles dévouements. Ainsi s'écoulèrent les neuf mois que le coadjuteur dut passer à Paris. Après ce long séjour, il obtint d'heureux résultats pour le rétablissement du catholicisme dans le bailliage de Gex[2], et se remit en route pour la Savoie.

III.

Bien des événements s'étaient passés dans le diocèse de Genève pendant l'absence du coadjuteur. Le 24 mai 1602, Mgr de Granier avait solennellement ouvert à

1. Charl. Aug., 267. — 2. Œuv. comp., T. IX, 324.

Thonon un Jubilé de faveur qui dura deux mois. En dépit de tous les efforts des Genevois, ce Jubilé s'était fait d'une manière vraiment merveilleuse. Trois cent mille pèlerins accourus, malgré les fatigues et les dangers, de la Savoie, de la Bresse. du Bugey, du Lyonnais et de la Franche-Comté ; seize prédicateurs et cent confesseurs occupés sans relâche durant toute la durée des exercices ; quantité d'abjurations et de conversions obtenues ; cent soixante-deux mille communions distribuées dans l'église de Thonon ; soixante-treize mille francs recueillis pour des œuvres pies d'une grande importance ; la Sainte-Maison érigée canoniquement dès l'ouverture du Jubilé et mise en possession de l'église Saint-Hippolyte, sous le titre de Notre-Dame-des-Sept-Douleurs, tels en avaient été les premiers résultats, en attendant les fruits innombrables que l'avenir tenait en réserve [1].

Mais, hélas ! aux larmes de joie vinrent bientôt se mêler celles de tristesse. Le 17 septembre, Mgr de Granier succomba à ses grands travaux, et mourut enseveli dans son triomphe. On ne trouva dans la maison du saint évêque que six sous et un mobilier juste suffisant pour éteindre ses dettes. « Il a ramené au « bercail du Seigneur vingt-cinq mille brebis « errantes, soit par son propre zèle et son travail in- « fatigable, soit par le zèle de ses ouvriers évangéli- « ques [2], » écrivit modestement à Clément VIII celui dont le choix comme successeur est le plus beau titre de gloire acquis au vénérable de Granier.

1. Ham. L. 3, c. 4. — 2. Œuv. du Saint, T. IX, 331.

IV.

A la nouvelle de la mort de ce saint évêque, le coadjuteur s'immola tout entier devant Dieu aux devoirs de la charge pastorale, et, après une visite à Pierre de Villars, vétéran de l'épiscopat, il vint au bailliage de Gex y ériger cinq nouvelles paro'sses [1]. entre autres celle de la ville de Gex dont il nomme curé son cousin Louis de Sales. Rentré au ch'teau de Thorens, il écrivit aux Religieuses de Fontevrault, à Paris, une lettre pleine de salutaires remontrances et digne d'être remarquée [2] ; puis il commença, sous la direction du P. Forier, jésuite, la retraite préparatoire à son sacre.

C'est là que, sous le souffle de l'Esprit-Saint, est éclos ce règlement que tant d'évêques ont aimé à copier. Tenue de sa maison, vie intime et privée, administration épiscopale, tout y est prévu. Malgré ses immenses travaux, François de Sales s'y prescrit de donner chaque jour une heure à l'oraison et près de trois à quelque étude particulière, de faire « *force* « *oraisons jaculatoires* [3] » le long de la journée, de présider le soir à la prière commune, de se confesser tous les deux ou trois jours, de jeûner tous les vendredis, samedis et veilles des fêtes de la Sainte Vierge, de consacrer chaque année huit à dix jours à la retraite. Au reste, « en faisant cet écrit, dit-il, mon

1. Œuv. comp., T. IX, 326. — 2. Lett. 22 nov. 1602. — 3. T. VI, 91.

« dessein a été non de me gêner, mais de me régler,
« sans m'obliger à aucun scrupule [1] ». Il nous apprend ainsi qu'un règlement doit être assez ferme pour ne pas fléchir au gré des caprices et assez souple pour se prêter sans peine aux changements bien motivés.

Après quinze jours de retraite, François de Sales fut sacré le dimanche 8 décembre 1602, fête de l'Immaculée-Conception, dans l'église paroissiale de Thorens, au milieu d'un concours considérable, par Vespasien Grimaldi, ancien archevêque de Vienne en Dauphiné, assisté par les évêques de Saint-Paul-Trois-Châteaux et de Damas. Pendant la cérémonie, il eut une extase qui dura une demi-heure. Il vit *clairement et distinctement* la sainte Trinité opérer dans son âme tout ce que signifiaient les rites extérieurs qu'accomplissait le pontife consécrateur [2]. Une fois évêque, il prolongea encore sa retraite de cinq jours, et, le samedi suivant, il fit son entrée à Annecy, où le clergé et la population lui firent une réception solennelle et enthousiaste, en harmonie avec la joie de tous les cœurs.

V.

Le premier soin de l'évêque de Genève fut d'établir autour de lui un ordre admirable. Tout dans son intérieur fut bientôt en harmonie avec la haute idée qu'il avait de l'épiscopat. Son âme vivait d'une règle toute sainte. Sa tenue était toujours marquée au cachet d'une

1. Œuv. comp., T. VII, 153. Lett. 16 déc. 1609. — 2. Ch.-Aug. L. 5, 278.

ravissante modestie. Il portait d'habitude le rochet, le camail et la barrette pour mieux se rappeler sa dignité [1]. Dans la demeure qu'il occupa pendant les huit premières années de son épiscopat (c'est la maison Lambert, cet hôtel aux murailles antiques que l'on voit encore en face de la cathédrale d'Annecy), il y avait un salon pour les étrangers ; mais il se contentait pour lui d'une petite pièce mal éclairée, et il n'eut jamais qu'une maison de louage. Avec le modeste revenu de 3,680 francs de notre monnaie [2], il faisait face à toutes ses dépenses et à d'abondantes aumônes ; dans sa maison, composée de deux prêtres et de quatre serviteurs, régnait l'ordre du monastère le plus régulier.

Son intérieur ainsi réglé, l'évêque de Genève choisit pour ses aides dans l'administration les hommes les plus dignes de sa confiance. Se réservant toujours le plus épineux, il s'astreignit à faire lui-même toute sa correspondance ; il recommanda qu'on envoyât à son confessionnal les disgraciés de la fortune et de la nature, comme les chancreux et les punais. « Ce sont « là, disait-il, mes ouailles de prédilection. » Il se mit à prêcher à toute occasion, malgré les accès d'une fièvre continue. Est-il étonnant que bientôt il ait substitué à des usages licencieux [3] d'excellentes pratiques de piété, comme celle de faire le signe de la croix, à chaque heure, au son de l'horloge ?

Ce qu'il avait fait pour son entourage, François de

1. Longueterre, p. 327. — 2. Ham. L. 4, ch. 1. — 3. Allusion aux abus des *Valentins* et des *Valentines*, Ch.-Aug. L. 5.

Sales se hâta de le faire pour son vaste diocèse de 600 paroisses [1]. Le catéchisme étant la meilleure manière de répandre l'instruction religieuse, il établit à Annecy les catéchismes des dimanches et fêtes, les inaugura solennellement à St-Dominique, le 23 juin 1603, prenant pour texte le Catéchisme de Bellarmin, et les fit lui-même tant que ses occupations le lui permirent, « traçant chaque fois le canevas des choses « qu'il devait y enseigner [2]. » Ravissant spectacle, que celui de ce docteur, déjà célèbre dans toute la chrétienté, s'inclinant vers son cher petit peuple, élevant cette troupe enfantine à la connaissance des plus sublimes mystères de la foi, et chantant avec eux des cantiques français qu'il composait lui-même ! Aussi les grandes personnes accouraient-elles à ces instructions non moins profondes que familières, et les enfants couraient-ils en foule au bon prélat, dès qu'il apparaissait dans les rues. François régla encore que, dans chaque paroisse, le catéchisme se ferait le dimanche avant vêpres, pendant deux heures, surtout en été, toujours d'après le texte de Bellarmin ou de Canisius, et ne dédaigna pas de tracer lui-même une *Méthode* selon laquelle devraient se faire ces catéchismes [3].

Comme pour attirer spécialement l'attention du saint évêque sur son clergé, Dieu permit, dès les premiers Quatre-Temps de 1603, qu'au retour d'une ordination faite dans l'église Saint-François (cathédrale actuelle),

1. Œuvres du Saint. T. VI, 245. — 2. Dép. S. Chant., art. 35. — 3. Œuv. T. VI, 152.

un nouveau prêtre vît son ange gardien l'obliger à pren
dre le pas sur lui à la sortie de l'église, et lui dire que
désormais il en serait toujours ainsi par respect pour le
sacerdoce [1]. L'évêque de Genève n'avait pas encore de
séminaire. Il y suppléa de son mieux, veillant de près
sur les aspirants au sacerdoce, ne donnant les bénéfices, les cures surtout, que dans des concours où présidait la plus stricte impartialité, adressant à son clergé
des *Avertissements aux Confesseurs*, avis qui furent traduits en plusieurs langues [3], une admirable *Exhortation sur l'importance et la manière de cultiver la science
sacrée* [4], sans parler du Rituel et du supplément au
Calendrier qu'il composa vers la même époque [5].

VI.

Là ne se bornèrent point les travaux de François de
Sales dans l'année qui suivit son sacre. Ce zélé prélat
semblait se multiplier. Nous le trouvons à Turin, où
il défendit avec succès les intérêts de son diocèse ; à
Saluces, où il anima par sa parole la fête de Mgr An-
cina, évêque de cette ville, ce digne ami à la sainteté
duquel il a rendu un témoignage que l'Église ratifiera
peut-être avant peu [6] ; à Annecy, où il régla avec autant de fermeté que de sagesse un différend survenu

1. Ch.-Aug., 286. — 2. Œuv. comp , T. VII, 255. — 3. T. VI,
128. — 4. T. V, 433. — 5. Ce Rituel nous paraît avoir été publié dès 1603. La date de 1612, indiquée dans l'unique exem-
plaire que nous ayons trouvé, nous semble plutôt celle d'une
réédition de ce livre. Quant à la date de 1602, portée dans l'édition faite en 1632, nous la croyons inexacte. Pour l'addition au
Calendrier, *voir* Charles-Auguste, l. 5, p. 309.— 6. T. VI, 4084.

entre le Chapitre de la Cathédrale et celui de la Collégiale de N.-D. [1], et écrivit une lettre remarquable sur les devoirs d'un évêque. Nous le rencontrons à Sixt, faisant à l'abbaye des Chanoines réguliers de St-Augustin, fondée en 1144 par le B. Ponce, une visite régulière suivie d'ordonnances propres à rendre à cette Maison son ancienne splendeur [2]; à Gex, où il fut empoisonné par les huguenots, mais où il parvint cependant à mettre la religion dans un état relativement prospère, grâce au gouverneur de Bourgogne, de qui dépendait ce bailliage, le pieux duc de Bellegarde devenu le fils spirituel du saint évêque. Nous le voyons aussi à Thonon, où il fit un pèlerinage suivi de nouvelles conquêtes apostoliques ; à Vuiz en Salaz, où il reçut l'abjuration du baron d'Yvoire ; enfin à Annecy, son point de départ.

Tout accablé qu'il fût par ces travaux, il y ouvrit dès le 1er d'octobre 1603, un synode célèbre. Là, il divisa son diocèse en vingt surveillances ou archiprêtrés ; il ordonna aux Doyens ou Surveillants de visiter, au moins deux fois l'an, les églises qui leur étaient confiées ; il dressa d'autres admirables statuts [3]; il régla que chaque année, le mercredi de la seconde semaine après Pâques, se renouvelleraient ces grandes assises diocésaines ; et en effet, chaque année jusqu'à sa mort, l'évêque de Genève fut fidèle à cette pratique, sans rien négliger de tout ce qui pouvait en assurer le succès [4].

---

1. Œuv. comp., T. VI, 189. — 2. T. VI, 194. — 3. T. VI, 119.—
4. Charl.-Aug., l. 5, 302. Dép. sainte J.-F. de Chantal, art. 47.

Après tant de travaux, il écrivit au Pape un rapport sur l'état de son diocèse. Parlant des 65 paroisses voisines de Genève, « on aurait assez de peine, dit-il, à « trouver cent hérétiques en ces lieux où auparavant « on n'aurait pas trouvé cent catholiques [1]. » Ce succès prodigieux ne fut point le seul que recueillit le saint évêque Écoutons sainte Jeanne de Chantal : « Pour moi, dit-elle, je crois qu'il y a peu ou point de « diocèses où les ecclésiastiques, religieux et laïques, « vivent plus exemplairement et dévotement qu'en « celui de Genève, et surtout à Annecy [2]. »

VII.

Le grand événement de l'an 1604 fut le Carême de Dijon. Invité par les échevins de cette ville, François demanda l'agrément du duc de Savoie et la bénédiction du Pape. Puis il fit à Sales une retraite préparatoire, durant laquelle le ciel lui révéla, dans une merveilleuse extase, qu'il fonderait un Ordre de Religieuses appelé à étendre ses rameaux bénis sur la terre entière. Une station si bien préparée ne pouvait être stérile. Le succès en fut prodigieux, même parmi les calvinistes. François se mit en relations avec M. Bourgeois de Crépy, président au Parlement, et, à sa prière, avec l'abbesse du Puy-d'Orbe et Mme Brulart, toutes deux filles de cet excellent magistrat; ce qui l'amena à leur adresser plus tard, à celle-ci onze lettres et à celle-là quinze lettres pleines d'enseigne-

1. Œuv. comp., T. VI, 170. — 2. Depos., 47.

ments du plus haut intérêt sur la vie religieuse et sur la vie chrétienne dans le monde. Il noua surtout des rapports on ne peut plus utiles avec la famille Frémyot. Trois membres de cette famille devinrent l'objet de l'affection du saint évêque. Le premier fut le président Frémyot : François lui écrivit, sur la préparation à la mort, une lettre des plus édifiantes [1]. Le deuxième fut son fils André Frémyot, récemment nommé à l'archevêché de Bourges. Quand l'évêque de Genève partit pour Dijon, il était en contestation avec ce prélat au sujet des biens ecclésiastiques de Gex, que, par distraction, Henri IV avait donnés à ce dernier après les avoir rendus à l'Église de Genève. Priver de ces biens les curés du pays de Gex, c'eût été porter un coup funeste au catholicisme dans ce malheureux pays, déjà en butte aux vexations des calvinistes genevois [2]. François n'eut pas de peine à le faire comprendre à l'archevêque de Bourges. Ce généreux prélat se désista de ses droits. Il contracta l'amitié la plus étroite avec l'évêque de Genève. De cette amitié, il nous reste, entre autres monuments, le magnifique *Traité de la Prédication* que notre Saint composa à la demande du jeune archevêque, et qui n'a pas peu contribué à placer son auteur parmi les Pères de l'éloquence sacrée. Toutefois la plus importante des relations que provoqua le carême de Dijon, ce fut celle qui s'établit entre l'évêque de Genève et la baronne de Chantal, ainsi que nous le verrons bientôt. A son dé-

1. Lett. 7 oct. 1604. — 2. Œuv. comp., T. VII, 99.

part, François refusa toute rémunération ; et, gracieux jusque dans ses refus, il répondit aux échevins : « Messieurs, je ne veux emporter d'ici rien autre « chose que vos cœurs. »

VIII

Moins important sans doute, mais non moins admirable peut-être fut le carême que François prêcha à La Roche, en 1605. Cette petite ville devint *« le lieu « de ses délices; il y trouva un peuple facile, humble et « dévot*[1]. » Il y déploya le même zèle que sur les plus grands théâtres. Y ayant rencontré un pauvre homme, Martin, sourd-muet de naissance, il lui donna le vivre et le couvert, apprit son langage pour l'instruire de la religion, parvint à l'admettre à la communion pascale, et se l'attacha ensuite comme domestique. Non content de prêcher chaque jour au peuple et d'être le « confesseur et directeur de toute la ville [2] », il donna chaque jeudi des conférences aux ecclésiastiques de l'endroit et de la banlieue, heureux de placer ainsi un foyer de lumière au centre de son diocèse.

Le 28 avril 1605, François présida, comme d'habitude, le synode annuel, et traça des *Statuts* qui subsistent encore [3]. Il établit ensuite à Annecy la *Confrérie du Saint-Sacrement*, heureux de réparer ainsi les outrages faits au Dieu de l'Eucharistie [4]. Aussitôt après, il reprit le cours de ses visites pastorales en

1. Ham., 1, IV, ch. 4. — De Maupas.P. IV, c, xi. — 2. Mère de Chaugy, ch. 22. — 8. Œuv. comp., 6, 208. — 4. Ham., 1. IV, ch. 4.

Chablais et en Faucigny. Visiter assidûment et avec soin toutes les paroisses d'un diocèse, voilà bien l'œuvre épiscopale par excellence. Cette œuvre si pénible et si délicate, François l'accomplit avec un dévoûment héroïque. Dans sa paternelle sollicitude, il ne se bornait pas à voir et à interroger ses prêtres, à administrer la confirmation, à inspecter les églises; mais il prêchait, catéchisait des enfants, confessait tous ceux qui voulaient s'adresser à lui, distribuait lui-même la sainte communion, écoutait toutes les plaintes qu'on lui portait, réconciliait les ennemis, étudiait les vocations, exorcisait les possédés. Dans la visite dont nous parlons, il délivra plus de quatre-vingts de ces malheureux. C'est ainsi qu'à l'exemple du divin Maître, il faisait le bien et guérissait toutes les plaies. Tout cela, le Saint le faisait au prix de fatigues inouïes, allant souvent à pied de paroisse en paroisse, ne reculant devant rien pour visiter les villages les plus inaccessibles, dût-il s'aider des mains pour gravir les rochers, s'attacher des crampons de fer aux pieds pour ne pas glisser sur les glaces, ou rougir de son sang des chemins hérissés de cailloux.

Cependant, il se passait à Rome des événements d'une haute importance : la mort de Clément VIII, celle de Léon XI, qui ne régna que vingt-sept jours, et celle de Paul V qui devait occuper la chaire de Pierre de 1605 à 1621. Chacun de ces événements avait son contre-coup dans le cœur si sensible de l'évêque de Genève. François de Sales pleura Clément VIII, qui l'avait tant aimé. Il pleura Léon XI, qu'il avait vu à Thonon et à Rome, et qui lui destinait la pourpre cardinalice. Il avait cependant dit à ce propos : « Je prie Dieu qu'il éloigne de moi cette di« gnité, et si le chapeau de cardinal était à trois pas « de moi, je ne les ferais pas pour aller le prendre [1]. » Mais il acclama l'avénement de Paul V, et, quelque fatigué qu'il fût, il prit une part active, à Annecy, aux travaux du Jubilé accordé à cette occasion.

IX.

Quelques mois après, le saint évêque partit pour Chambéry, où le Sénat de Savoie l'avait invité à prêcher le Carême de 1606, dans l'église Saint-Dominique. Il s'y prépara au ministère de la parole par une retraite de huit jours au collége des Jésuites. Au sortir de ce cénacle, il monta en chaire, comme autrefois les Apôtres, tout embrasé du divin amour. Le peuple, ravi, appelait chaque prédication un miracle. Il y eut davantage encore. Un jour que le ciel était couvert de sombres nuages, le saint prédicateur parut soudain tout éblouissant de rayons lumineux que dardait sur lui le crucifix de la tribune. L'auditoire cria au prodige; mais François, confus de tant d'honneur, conjura l'assistance de ne jamais parler de ce qu'elle avait vu [2].

Malgré tout, le Sénat de Savoie eut la faiblesse de se prêter à une guerre injuste faite au serviteur de

_____

1. Mère de Chaugy, ch. 22. On sait pourtant que les Cardinaux ont pour devise : « *Egaux aux Rois et supérieurs aux Princes.* » — 2. Charl.-Aug., l. VI, 343.

Dieu Un personnage de distinction voulait que, pour faire révéler un fait caché, l'évêque de Genève recourût à un monitoire et aux excommunications. L'évêque dut s'y refuser. Ce personnage fit tant qu'il obtint du Sénat l'ordre de saisir le temporel du prélat. « Voilà un signe, répondit François sans s'émouvoir : « Dieu veut que je sois tout spirituel[1]. » Et il continua ses travaux sans rien perdre de sa sérénité. L'orage finit par s'apaiser; on eut honte de persécuter le plus innocent des hommes. François combla de faveurs ses ennemis les plus acharnés. Aurait-il su se venger autrement?

Rentré dans sa ville épiscopale pour présider au synode annuel, l'évêque de Genève la quitta le 18 juillet pour reprendre ses visites pastorales. Dans les vallées profondes où dardait un soleil de plomb, sur les hautes montagnes couvertes de neiges éternelles, partout et toujours il se prodigua à chaque bourg, à chaque village, à chacune des âmes qui recourut à lui, visitant souvent plusieurs paroisses par jour. Il soutint ce rude labeur jusqu'au 21 octobre, sans discontinuer, si bien qu'en deux ans il eut vu, dans ses visites pastorales, jusqu'à 260 paroisses[2].

X.

L'année suivante, 1607, il voulut donner des soins tout particuliers à son « *cher petit Annessy* ». Il y

1. Dép. sainte J.-F. Chantal, art. 28. — 2. Œuv. du Saint, T. VI, 227.

prêcha donc de nouveau le Carême à Saint-Dominique. Il le fit avec tant de fruit qu'il écrivit peu après : « Vraiment le carême est la moisson des âmes.... Je moissonne ici avec des larmes, partie de joie, partie d'amour[1]. » C'est que non content de s'adonner au ministère de la confession « sans mesure ni limite que celles de la nécessité de ses pénitents, » le saint évêque « pleurait avec quelques-uns leurs péchés, et traitait si amiablement ses pénitents, qu'ils se fondaient devant lui, » selon les paroles de la Mère de Chantal. Par contre, « il voulait, dit sainte J.-F. de Chantal, qu'on ne se confessât point à la légère, mais que l'on fît bien voir à son confesseur tous les ressorts et mouvements par lesquels on commet les péchés [2]. »

A la même époque, François envoya à Paul V, par son frère Jean-François, chanoine de sa cathédrale, *l'Etat de l'Église de Genève*. Ce précieux document nous révèle l'étendue des travaux du grand évêque. Avoir à surveiller 590 paroisses dont 140, partie sous la tyrannique domination des Bernois et partie sous celle du roi de France, qui payait souvent l'évêque de belles promesses ; avoir à se défendre de la pernicieuse influence d'une Genève « qui était aux diables et aux hérétiques, selon l'énergique expression du plus doux des hommes, ce que Rome est aux Anges et aux catholiques, » quelle charge pour un évêque qui n'avait encore aucun séminaire diocésain et qui comp-

---

1. Œuv. comp., T. X, 228. Lett. 8 avr. 1607. — 2. Dép., 42.

tait, hélas ! dans les maisons religieuses, au nombre de vingt-trois pour les hommes et de cinq pour les femmes, plusieurs âmes dans lesquelles régnaient encore le relâchement et la mondanité ! Or tel est le résumé de cette intéressante statistique [1].

XI.

Malgré tous ces travaux, l'infatigable prélat n'oubliait point la culture des sciences même profanes. Que l'ignorance accuse l'Église d'ignorantisme, soit ; mais François de Sales savait trop que la religion est l'amie sincère de la science, comme Dieu en est la source, qu'il est bon d'attirer les hommes à la vertu par l'appât de la science, et de mettre les connaissances humaines au service des vérités surnaturelles. Il s'unit donc au président Favre pour fonder à Annecy, sous le titre gracieux d'Académie Florimontane, une société savante ayant pour devise : *Fleurs et fruits continuels.* Cette académie, François la fonda dans un double but : « la gloire de Dieu par la vertu, et le bien public par le service des princes. » Il en traça les admirables *Constitutions* [2]. Théologie, politique, philosophie, rhétorique, cosmographie, géométrie, arithmétique, toutes les sciences étaient représentées. Il en organisa le personnel, sous la présidence du duc de Nemours. La jeune académie jeta bientôt le

1. Œuv. comp., T. VI, 226, Ch. Aug., 360. — 2. Œuv. comp., T. VI, 253.

plus vif éclat : Annecy devint le rendez-vous des esprits cultivés ou désireux de l'être; on y enseigna publiquement une foule de connaissances précieuses. Le célèbre Vaugelas, fils du président Favre, y fit ses débuts littéraires ; et quand, plus tard, Richelieu fonda l'Académie française, il n'eut qu'à copier l'institution dont François avait doté une humble cité de la Savoie. Au reste, le fondateur de l'*Académie Florimontane* fut un des pères de la langue et de la littérature française. Quelle clarté, quelles images, quelle naïveté, que d'onction, quel charme infini dans toutes ses OEuvres et dans ses Lettres surtout !

Cependant une grande question se débattait, avec une chaleur extrême, devant le Siége apostolique. Il s'agissait de résoudre le plus difficile peut-être des problèmes de la théologie : l'accord de la grâce divine avec la liberté humaine. De là le nom *de Auxiliis* (des secours) donné aux Congrégations qui se tinrent à ce sujet. Les Dominicains soutenaient que la grâce est efficace par sa nature; les Jésuites, qu'elle ne l'est que par la coopération de l'homme. On consulta l'évêque de Genève; il répondit une lettre où il faisait des vœux pour qu'on cessât toutes ces disputes aussi dangereuses que stériles [1]. Paul V, informé de cette lettre, pria le saint prélat de lui dire toute sa pensée. François de Sales lui exposa son sentiment tel qu'il est aisé de l'apercevoir au l. 2, ch. 12, du *Traité de l'amour de Dieu*, et dans une lettre au cé-

---

1. OEuv. comp., T. IX, 359. De Maupas. P. IV, c, XIII, sect. 1.

lèbre Lessius [1], mais en témoignant le désir de voir interdire ce duel théologique. Le Pape imposa, en effet, silence aux deux partis. Comme l'avait prédit l'évêque de Genève, « Dominicains et Jésuites s'accordèrent bientôt » non-seulement pour obéir, mais pour le remercier du service qu'il leur avait rendu, à eux et à toute l'Église.

XII.

Au milieu de tous ces triomphes, rien ne portait atteinte à sa modestie. Il s'empressa de visiter tout le reste de son vaste diocèse. Il prêcha le Carême de 1608 à Rumilly, petite ville de son diocèse, déployant le même zèle et goûtant le même bonheur qu'au Carême de La Roche. Il refusa avec autant de courtoisie que d'humilité les positions élevées que lui offrit Henri IV. On vit alors un trait charmant de sa tempérance dans les repas. Invité par le duc de Savoie à se rendre à Thonon, il passa par Machilly, dont il aimait particulièrement le curé. Dans le repas que lui offrit ce bon prêtre, le serviteur avait, par mégarde, servi de la farine pour du sel. Habitué à ne pas faire attention à la saveur ou à l'insipidité des aliments, l'évêque se servit de cette farine comme si c'eût été du sel. Les convives, plus prompts à remarquer l'erreur, attendirent, mais en vain, que le prélat en fît l'observation. A la fin, ils ne purent plus

1. Œuv. comp., T. IX, 507. Lett. 26 août 1618.

s'empêcher de rire. « Que ce sel est doux ! dit l'un.
« Ce n'est pourtant pas du sucre. Ne serait-ce point
« de la farine ? » Alors le bon évêque souriant :
« Je vous assure, dit-il, que je croyais vraiment que
« c'était du sel, mon palais n'y a rien connu [1]. »

Malgré toutes ces vertus, un Religieux jaloux osa le dé-
nigrer auprès de Paul V. François supporta patiemment
cette calomnie, si pénible qu'elle lui fût, jusqu'à ce
que le Pape, éclairé, lui rendît sa paternelle affection.
Aussi ce grand pontife lui donna-t-il une confiance
sans bornes. Il lui confia d'abord la délicate mission
d'établir la réforme dans un célèbre monastère de
Bénédictines, celui du Puy-d'Orbe, au diocèse de
Langres. François de Sales y réussit à merveille, et
les règles qu'il traça à cette occasion forment un code
précieux sur le gouvernement des communautés religieuses [2]. Paul V ne tarda pas à donner au Saint
une autre commission bien plus importante encore.
Un différend s'était élevé au sujet des salines de la
ville de Salins, entre le clergé de Bourgogne et le
prince Albert, archiduc d'Autriche. François dut se
transporter sur les lieux pour terminer le procès.
Son voyage fut un vrai triomphe. Favernay, Dôle,
Besançon, Baume et Salins l'accueillirent comme un
envoyé du ciel, et, chose surprenante, il sut résoudre
la question en litige à la satisfaction pleine et entière
des deux partis [3]. Et telle était, dans ce flot d'affaires,

1. Charl. Aug., l. VII, 381. — 2. Œuv. comp., 6, 259. —
3. De Maupas, P. IV, c. 15.

son attention aux choses célestes, qu'à Salins, au lieu de passer le temps à admirer les artifices des eaux salées, comme le font tous les étrangers, il préféra le consacrer à nourrir la piété de quelques âmes ferventes, heureuses de profiter du passage d'un si grand maître.

XIII.

Quel maître, en effet, que l'auteur de l'*Introduction à la Vie dévote !* Cet « ouvrage incomparable mériterait beaucoup plus le titre de « *la consommation de la perfection* [1], » dit la Mère de Chaugy. François de Sales le publia en 1609, à la prière du P. Forier et de Henri IV, avec les lettres de direction qu'il avait écrites à diverses personnes pieuses, comme sa mère et Mme de Charmoisy, femme éminente qu'il dirigeait depuis cinq ans [2]. Il eut un double but. Le premier était de populariser la dévotion, en montrant qu'elle n'est point l'apanage exclusif du cloître, mais qu'elle est possible et facile dans toutes les conditions de la vie. Il voulut aussi en indiquer exactement le sens et l'esprit, sans rien outrer ni rien voiler de l'austérité chrétienne. C'était ouvrir aux âmes appelées à gravir la montagne de la perfection des voies nouvelles, tout aussi sûres, mais moins abruptes que celles indiquées jusque-là par les Guides spirituels.

Idée neuve et hardie, car elle tendait à opérer toute une révolution dans la vie ascétique; mais idée d'au-

1. Vie du B. François, ch. 25. — 2. Pérennès, l. VII, 4.

tant plus profonde et utile que des mœurs chevaleres-
ques du moyen âge on passait aux formes adoucies
de la société moderne.

Or cette grande pensée, l'*Introduction* sut la réaliser. Dans les cinq parties qui la composent, le
Saint définit la vraie dévotion, la montre accessible à tous, et en prépare le règne en purifiant
l'âme de sa Philothée : il l'initie ensuite aux exercices
spirituels ; il la forme aux douces et fortes vertus ;
il la met à couvert des épreuves et des assauts de
l'ennemi ; enfin il lui indique la manière de réparer les brèches causées par le combat. Partout et
toujours, il est ravissant de clarté, d'élégance, de
naïveté ; il est tout embaumé des parfums du ciel et
de ceux de la terre.

Le succès de ce livre fut immense. L'infante Isa-
belle Eugénie de Flandre, prodige de piété, en faisait
faire, chaque jour, la lecture à ses filles. Henri IV en
fut ravi [1]. Marie de Médicis, son épouse, l'envoya,
relié en diamants, à Jacques Ier d'Angleterre. Ce roi-
théologien le relisait souvent, jaloux de voir ses
évêques anglicans si éloignés de l'onction de l'évêque
papiste [2]. Nombre de prélats le saluèrent, avec l'évêque
de Belley, comme le *Bréviaire des gens de bien*. Les
huguenots eux-mêmes le lisaient et le lisaient encore.
On le traduisit bientôt en 17 langues. On en fit quarante éditions en moins de 50 ans ; et dès lors ce livre
incomparable n'a cessé d'exercer dans le monde un
apostolat qui va toujours grandissant.

1. Ch. Aug., 393.— 2. De Maupas. P. IV, c. XII.

3**

XIV

Le 30 août 1609, François se rendit à Belley pour y sacrer Mgr Jean-Pierre Camus, que ses rares qualités avaient fait nommer évêque à vingt-cinq ans.

Le Saint voua dès lors la plus tendre affection à ce jeune prélat, et l'évêque de Belley vénérait à son tour François comme un père. En excellents voisins, ils se visitaient souvent, et passaient chaque année une semaine l'un chez l'autre. Mgr Camus, qui « *avait feuil-* « *leté François de Sales comme un livre* [1], » nous a laissé sur lui une foule de traits édifiants et charmants dans un livre intitulé : *L'Esprit du Bienheureux François de Sales.* Citons-en un passage qui nous dira la parfaite modestie de notre Saint. « Quand il me venait voir « en ma résidence, et y passer son octave ordinaire, à « quoi il ne manquait point tous les ans, j'avais fait à « dessein des trous à certains endroits des portes et « du plancher, pour le considérer quand il était tout « seul retiré dans sa chambre, pour voir de quelle façon « il se comportait en l'étude, en la prière, en la prome « nade, en la lecture, en la méditation, à s'asseoir, à « marcher, à se chauffer, à se lever, à écrire... Je ne « l'ai jamais remarqué se dispenser de la plus « exacte loi de la modestie. Tel seul qu'en compagnie, « tel en compagnie que seul... S'il faisait quelque « prière, vous eussiez dit qu'il était en présence des « anges et de tous les bienheureux... J'ai même pris

____

1. Notice sur Mgr Camus, par M. Dépéry, 30.

— 99 —

« garde s'il ne croiserait point les jambes, ou s'il ne
« mettrait point les genoux l'un sur l'autre, s'il n'ap-
« puierait point sa tête de son coude : jamais [1]. »

François revenait de Belley quand Henri IV lui
manda d'aller à Gex, sans retard aucun, s'entendre avec le baron de Luz, son lieutenant-général, pour
les intérêts religieux de ce pays. Il s'agissait d'arriver à temps, et, pour cela, force était de passer par
Genève. Mais comment traverser une ville si hostile
et si furieuse ? N'était-ce pas s'exposer à la mort ?
Assurément. Toutefois, après avoir dit la messe, avec
un grande dévotion, à Saint-Julien, près de Genève,
François dit à ses compagnons: « Partons et allons à
la garde de Dieu ! » Et sans même quitter son cos-
tume épiscopal, le courageux prélat se présente à la
porte d'Arve, au milieu de douze hommes à cheval.
L'officier de garde demande quel est le seigneur qui
passe avec ce cortége. « C'est l'évêque du diocèse, »
répond par ordre du Saint un de ses compagnons. —
« Du diocèse ! s'écrie l'employé; je ne connais pas ce
pays-là [2]. » Et la porte s'ouvre. François traverse
toute la ville en vêtement violet; il arrive à la porte
de Gex. Mais la porte est fermée, et l'on devra attendre une heure entière dans un hôtel avant qu'elle
s'ouvre. L'évêque le fait paisiblement, et il sort de
même pour arriver à Gex, où il devait reconstituer
huit nouvelles paroisses et opérer d'autres conversions. Les Génevois comprirent enfin quel était

1. Partie IV, sect. I. — 2. De Maupas. P. IV, ch. 17.

l'évêque du diocèse dont le passage dans leurs rues était consigné dans leurs registres. Mais c'était trop tard. Leur colère égala leur dépit. Pour se venger, ils lancèrent des libelles, dont la conclusion était : *qu'il y revienne !* « Hélas ! dit le bon évêque lorsqu'il « apprit ce propos, je le voudrais bien, si leur conver- « sion était à ce prix; mais, puisque ma vie leur est « inutile, que gagneraient-ils à ma mort ? »

XV.

A son retour à Annecy, François reçut la visite de sa mère qui venait faire, sous sa direction, un mois de retraite préparatoire à la mort. Rentrée à Sales, cette femme forte ne tarda pas d'être frappée d'apoplexie. François fut bientôt au chevet du lit de la chère malade. Mme de Boisy prit alors la main du prélat pour la baiser religieusement, disant : « Je vous dois « ce témoignage de respect comme à mon père; » puis, étendant le bras pour approcher sa tête et l'embrasser, elle ajouta : « Et cette marque de tendresse « comme à mon fils [1]. » Pendant sa longue agonie, François ne la quitta point, et il eut la force de retenir ses larmes; mais, quand il lui eut fermé les yeux, alors sa douleur éclata, et parut inconsolable. François et sa mère s'étaient, en effet, donnés l'un et l'autre à Dieu : la mère avait préparé le prêtre, et le prêtre avait conduit de vertu en vertu sa mère devenue son humble pénitente. Aussi avait-il pour elle

1. De Maupas. P. IV, ch. 16.

la tendresse du meilleur des fils, l'embrassant le soir
et le matin, à la ruelle de son lit, et lui donnant parfois trois ou quatre heures d'entretien dans un jour.
Quel coup de foudre que cette mort ! Toutefois, le
Saint emprunta les paroles de David : « Je me tais,
« Seigneur, et n'ouvre point la bouche, parce que
« c'est vous qui l'avez fait, » et il baisa la main paternelle qui avait brisé son cœur.

A peine ses premières larmes étaient-elles essuyées,
qu'il apprit la mort de Henri IV, tombé sous le fer de
Ravaillac. « Ah ! Monsieur mon ami, écrivait-il alors
« à Deshayes, l'Europe ne pouvait voir aucune mort
« plus lamentable que celle du grand Henri IV... Ce
« prince qui, devenant fils de l'Église, devint père de
« la France [1]. » Mais, encore cette fois, sa grande
âme se soumit en paix aux décrets de la Providence.

Au reste, l'heure allait sonner où Dieu l'appelait à
devenir le père d'une famille nouvelle. Comme pour
l'y préparer, il l'avait employé à des œuvres analo-
gues. C'était la réforme de l'abbaye d'Abondance qu'il
avait complétement renouvelée. C'était celle des Bénédictins de Talloires, chez qui il venait de faire re-
fleurir les plus belles vertus [2]. L'évêque de Genève
avait aussi commencé à tracer dans son diocèse, avec
des couvents de Pères Capucins, toute une croix dont
Genève devait être, malgré elle, le centre et le milieu.
Déjà étaient fondés celui de Thonon, érigé en 1602,
sous le vocable de N.-D.-de-Compassion, et celui de

1. Lettre 27 mai 1610. — 2. Ch. Aug., 399.

Saint-Julien, construit la même année avec saint Joseph pour titulaire. 1612 vit ériger celui de Gex ; 1617, celui de La Roche, et 1619, celui de Sallanches. Mais ces travaux n'étaient que des échelons par lesquels l'évêque de Genève allait s'élever, par une œuvre bien plus grande encore, à la hauteur des plus illustres fondateurs d'Ordres religieux, ainsi que nous allons le voir.

CHAPITRE VI.

HISTOIRE DE LA VISITATION DEPUIS SA FONDATION
JUSQU'AUX DERNIÈRES ANNÉES DE S. FRANÇOIS DE SALES.

I. Histoire de Madame de Chantal jusqu'au jour où François
de Sales la rencontra pour la première fois. — II. Leurs premières relations. — III. François de Sales dirige pendant six
ans Madame de Chantal dans le monde. — IV. Il lui révèle
sa vocation. — V. Les deux Saints fondent la Visitation dans
la maison de la *Galerie*. — VI. Séjour des Sœurs dans une
seconde maison provisoire. — VII. Leur rentrée dans le premier monastère régulier et Fondation d'un deuxième monastère à Lyon. — VIII. Les saints Fondateurs modifient le plan
primitif de leur Institut. — IX. François compose plusieurs
ouvrages en vue de la Visitation. Son *Traité de l'amour de
Dieu*. — X. *Constitutions*, *Règles*, *Directoire* et *Coutumier*
de la Visitation. Érection de cet Institut en Ordre religieux.
— XI. *Lettres* et *Entretiens spirituels* adressés aux premières Mères de la Visitation. — XII. Bénédictions que le Ciel
a répandues sur l'œuvre de saint François de Sales.

I.

Avant d'entamer l'Histoire de la Visitation, il nous
est indispensable de parcourir la première période de
l'existence de sainte Jeanne-Françoise de Chantal.
Aussi bien fut-elle le modèle des filles, des épouses et
des veuves, avant d'être celui des vierges et des fondatrices.

Jeanne-Françoise Frémyot naquit à Dijon, en 1572.
Ses aïeux paternels et maternels faisaient depuis des

siècles l'honneur de la Bourgogne. Son père était président du Parlement de cette province; sa mère sortait de la famille Berbisey, distinguée dans la magistrature. Jeanne perdit sa mère à dix-huit mois; mais elle reçut de son père, homme de forte trempe, je ne sais quoi de viril et d'ardent qui fut le trait saillant de sa physionomie. A cinq ans, entendant un gentilhomme hérétique nier la présence réelle de Jésus-Christ dans l'Eucharistie : « Monseigneur, lui dit-elle, « il faut croire que Jésus-Christ est au Saint-Sacre- « ment, parce qu'il l'a dit : quand vous ne le croyez « pas, vous le faites menteur. » Et ce malheureux voulant calmer la sublime enfant en lui donnant des dragées, Jeanne les jeta au feu, disant : « Ainsi brû- « leront en enfer tous les hérétiques, parce qu'ils ne « croient pas ce qu'a dit Notre-Seigneur. »

A 20 ans, Jeanne Frémyot épousa, à Bourbilly, près Semur, le baron de Chantal âgé de 27 ans. Jamais union mieux assortie. Aîné de l'illustre famille des Rabutin, le baron de Chantal joignait à la bravoure du chevalier la distinction du gentilhomme le plus accompli. Telle était sa délicatesse de conscience, qu'à 37 ans il renonça à l'espérance de devenir maréchal de France, plutôt que d'obéir à un ordre qu'il regardait comme injuste. Sage mélange d'aménité et de piété, Mme de Chantal reproduisait tous les traits de la femme forte : l'amour de son intérieur qu'elle dirigeait elle-même, de ses enfants qu'elle nourrissait de son lait, et surtout de son mari, à qui elle s'étudiait à plaire en tout. Elle était une sœur de charité pour les pauvres : ils accouraient à elle de six lieues à la ronde. Autant elle abhorrait la mondanité des vêtements et des lectures, autant elle brillait par ses agréments dans les fêtes qui se succédaient au château de Bourbilly. Six enfants étaient venus cimenter l'alliance du baron et de la baronne de Chantal. Deux moururent au sortir du sein maternel.

L'avenir souriait néanmoins à leurs parents, quand soudain M. de Chantal fut tué dans une partie de chasse, en 1601. Mme de Chantal se trouvait ainsi veuve à 28 ans, avec quatre enfants, dont l'aîné n'avait que six ans. Comment dire sa désolation à la vue du vide immense que la mort avait fait autour d'elle? Elle devint comme un squelette. Mais sa grande âme, loin de fléchir sous le fardeau de la croix, se jeta tout entière dans le sein de Dieu. Mme de Chantal se voua comme épouse à Jésus-Christ crucifié. Pour mieux s'attacher à lui, elle fit le vœu de chasteté perpétuelle, et lui demanda de connaître un directeur sur qui elle pût se reposer.

Dieu lui donna dès lors une première vue du guide qu'il lui réservait. Un jour que, sollicitant cette grâce, elle traversait les champs de Bourbilly, elle aperçut aux pieds d'une colline un personnage qu'elle n'avait jamais vu. Il ressemblait à un évêque, mais il était vêtu de la soutane noire [1] et du rochet. Ses traits

---

1. Mémoires de Mère de Chaugy, sur sainte J.-F. de Chantal, ch. 10. — A cette époque, 1601, François de Sales était coadjuteur de Genève.

étaient tout angéliques. « Voilà, lui dit une voix cé-
« leste, le guide bien-aimé de Dieu et des hommes
« en qui tu dois reposer ta conscience [1].

Mais, admirable sagesse des voies de Dieu ! loin de
lui donner immédiatement ce guide dont elle n'aurait
peut-être pas compris toute la valeur, le ciel la prépara
à la direction du saint évêque de Genève. Il permit
d'abord à Satan de faire naître dans cette âme si pure
des obscurités et des tentations affreuses. Il la laissa
s'égarer quelque temps entre les mains d'un Religieux
qui ne mit aucun frein à son ardeur, la surchargea de
veilles, de jeûnes, de macérations, d'observances et
d'exercices écrasants pour sa frêle santé, et l'enchaîna
même par des vœux inconsidérés. C'était peu cependant. Pour dompter la fière nature de Madame de
Chantal, Dieu permit qu'une année après son veuvage
elle quittât le château de Bourbilly pour celui de
Monthelon, où l'appelait son beau-père. Là, il l'a-
breuva d'amertumes sans nombre. Elle et ses chers
enfants sont en face d'un vieillard sévère et chagrin ;
ils sont à la merci d'une gouvernante qui abuse de la
confiance du maître, au point de les traiter en valets.
Mais ce martyre devait se prolonger neuf ans, sans que
jamais la vertu de la Sainte subît aucune éclipse.

II.

Telle était Madame de Chantal quand Dieu lui
donna enfin le maître spirituel qu'elle appelait de

1. Bougaud, Histoire de Ste Jeanne-Françoise de Chantal, ch. 4.

tous ses vœux. A l'approche du carême de 1604, .M. Frémyot écrivit à sa fille de quitter Monthelon pour venir suivre, à Dijon, la station quadragésimale promise par l'évêque de Genève. A peine le Bienheureux eut-il paru en chaire, que Madame de Chantal reconnut en lui le personnage mystérieux qui lui avait été montré dans l'apparition de Bourbilly. De son côté, le saint prédicateur remarqua dans son auditoire une jeune dame très-attentive, dont il ignorait le nom, mais dont la figure lui était apparue dans la chapelle de Sales, alors qu'il y préparait son carême. Chaque soir, la même observation revenait à l'esprit des deux Saints. En visitant le président Frémyot, qu'il aimait comme un père, et l'archevêque de Bourges, qu'il chérissait en frère, François rencontra plusieurs fois Mme de Chantal, leur fille et sœur bienaimée. C'est ainsi que, d'une main invisible, Dieu les rapprochait peu à peu. Regardant François comme un ange, Madame de Chantal sacrifia bientôt à sa demande les quelques parures qu'elle avait encore. A la fin de la station, leurs âmes s'ouvrirent l'une à l'autre devant Dieu. La grâce les unit bientôt comme elle avait uni saint Jérôme et sainte Paule, avec cette différence providentielle que, chez François, la douceur de Paule faisait entrer dans les âmes l'austérité de Jérôme, tandis que, chez Madame de Chantal, l'énergie et l'ardeur de Jérôme se transformaient par l'humilité en la douceur de Paule.

III.

Même après s'être confessée à l'évêque de Genève, la baronne de Chantal ne savait guère où la Providence voulait la conduire. Que d'épreuves elle devait traverser, que de circuits elle devait faire, avant d'arriver à ses grandes destinées! Du 26 avril 1604, jour où François de Sales quitta Dijon, au 29 mars 1610, jour où elle devait elle-même faire ses adieux à la maison paternelle, quelle longue carrière il lui restait à parcourir!...

Mais confiance! notre saint évêque ne tarda pas à savoir que Dieu l'appelait dès lors à porter le long de ce désert, devant les pas de cette âme d'élite, la colonne de nuée et la colonne de feu [1] qui devait la guider et lui servir d'abri. Il le fera avec d'autant plus de soin qu'une pureté tout angélique préside à leurs relations, et que la sainte amitié qui unit leurs nobles cœurs est « plus blanche que la neige et plus pure « que le soleil [2]. »

Pendant ces six années d'acheminement vers une vocation définitive, les deux Saints ne se virent en moyenne qu'une fois chaque année. Au défaut d'entrevues plus fréquentes, l'évêque de Genève présentait sans cesse à Dieu l'âme que le ciel lui avait confiée. « Je ne dis jamais la sainte messe sans vous,

1. Exod., 13, 21.—2. Lettres de sainte J.-F. de Chantal, T. III, 255. édition Plon, 1876.

« écrivit-il bientôt à Madame de Chantal ; et, ce qui
« vous touche de plus près, je ne communie jamais
« sans vous [1]. » Au milieu du monde d'affaires dont
il était chargé, il lui adressa nombre de lettres, parfois très-étendues, et dont soixante sont parvenues
jusqu'à nous [2]. Admirable correspondance où l'on
trouve un modèle de direction, des trésors de doctrine, un monument de la sagesse et de la sainteté du
Bienheureux dont l'âme angélique se reflète dans chaque ligne, comme dans le cristal d'une eau pure et
transparente !

« Le matin, lui dit-il, faites la méditation avec
« la préparation à la journée .. Ayant salué les
« saints qui sont au ciel, dites un *Pater* et un *Ave*,
« pour les fidèles trépassés, et ainsi vous aurez visité
« toute l'Église, dont une partie est au ciel, l'autre
« en terre, et l'autre sous terre. Entendez tous les
« jours la messe. Que le chapelet se dise tous les jours
« le plus affectueusement qu'il se peut. Le long du
« jour, force oraisons jaculatoires, surtout quand
« l'heure sonne. Avant souper, un peu de récollec-
« tion, avec cinq *Pater* et cinq *Ave Maria* aux plaies
« de Notre-Seigneur. La récollection pourra se faire
« avec une entrée de l'âme par forme de retraite en
« l'une des plaies de Notre-Seigneur pour les cinq
« jours, le sixième dans les épines de la couronne, et
« le septième dans son côté percé, commençant la
« semaine et la finissant par là, c'est-à-dire le diman-
« che revenir à ce Cœur. Le soir, une heure ou une

1. Œuv. comp. T. X, 34. — 2. T. X, passim.

4

« demi-heure après souper, se retirer et dire le *Pater,*
« l'*Ave,* le *Credo* et le *Confiteor* jusqu'à *meâ culpâ ;* et,
« finir, après l'examen de conscience, par les Lita-
« nies de la Sainte Vierge. Tous les jours, une bonne
« demi-heure de lecture spirituelle. Les fêtes et di-
« manches, assister à Vêpres, et dire l'Office de Notre-
« Dame. S'il arrive de laisser quelque chose de ce que
« dessus, n'en point avoir de scrupule, car voici la
« règle générale de notre obéissance : *il faut tout*
« *faire par amour, et rien par force.* Il faut plus aimer
« l'obéissance, que craindre la désobéissance Je vous
« laisse l'esprit de liberté, non pas celui qui forclôt
« l'obéissance, mais celui qui forclôt la contrainte et
« le scrupule, ou l'empressement [1]... Allons, ma
« chère fille, cheminons par ces basses vallées des
« humbles et petites vertus ; nous y verrons des roses
« entre les épines, la charité qui éclate parmi les af-
« fections intérieures et extérieures ; le lis de pureté,
« les violettes de mortification; que sais-je, moi? Sur-
« tout j'aime ces trois petites vertus : la douceur du
« cœur, la pauvreté de l'esprit et la simplicité de la
« vie; et ces exercices grossiers : visiter les malades,
« servir les pauvres, consoler les affligés, et sembla-
« bles; mais le tout sans empressement, avec une
« vraie liberté [2]... O qu'il fait bon avec Dieu, où que
« ce soit ! Que nous mourions, que tout renverse, il
« ne m'en chaut (importe), pourvu que cela subsiste.
« Les nuits nous sont des jours, quand Dieu est en

1. Œuv. comp. du Saint. T. X, p. 61. — 2. T. X, p. 110.

« notre cœur ; et les jours nous sont des nuits quand
« il n'y est point [1]... Il ne faut point trop pointiller
« en l'exercice des vertus, mais il faut y aller ronde-
« ment, franchement, naïvement, à la vieille fran-
« çaise, avec liberté, à la bonne foi, *grosso modo*. C'est
« que je crains l'esprit de contrainte et de mélan-
« colie [2]... Mon Dieu ! n'est-ce pas dommage que ces
« baumes des amitiés spirituelles soient exposés aux
« moucherons ! Cette liqueur si sainte, si sacrée, mé-
« rite un soin bien grand pour être conservée toute
« pure ; mais bien dit le Sage : *Celui qui n'a point été*
« *tenté, que sait-il ?* Tout va bien, tout ira bien, Dieu
« aidant ; et, comme je dis ordinairement, si Dieu nous
« aide, nous ferons prou [3]. »

Ces avis et cent autres, la baronne de Chantal les écoutait comme des oracles, comme la
voix de Dieu lui même. Grâce à cette fidélité,
elle sortit bientôt de la fausse voie où l'avait en-
gagée un directeur imprudent ; elle supporta patiemment bien des peines intérieures qui prenaient leur
source dans sa délicatesse de conscience ; sa douceur
avec son beau-père et son dévoûment aux pauvres,
brillèrent d'un nouvel éclat ; elle éleva dans la crainte
de Dieu son fils Celse-Bénigne, et ses trois autres enfants, Marie-Aimée, Françoise et Charlotte ; elle refusa
de magnifiques mariages ; elle alla même, pour échapper à de vives instances, jusqu'à tracer le nom de
Jésus, avec un poinçon rouge, sur sa poitrine et à l'en-

Œuv. comp. du Saint, T. X. 112.— 2. Ib. 117.— 3. Ib. 144.

droit du cœur, que dis-je ? jusqu'à écrire sa consécration à Dieu avec une plume trempée dans le sang de cette blessure héroïque [1].

IV.

Une ombre mystérieuse n'en planait pas moins sur la question de l'avenir de la Sainte. L'évêque de Genève interogeait depuis longtemps a volonté de Dieu, mais sans lui dire sa pensée, lorsque, le lendemain de la Pentecôte, 1607, cette grande chrétienne se trouvant à Annecy : « Eh ! bien, ma fille, lui dit-il, je suis « résolu de ce que je veux faire de vous. » — « Et moi, « Monseigneur et mon père, je suis résolue de vous « obéir. » Et elle se jeta à genoux. Le Bienheureux l'y laissa, et, debout à deux pas d'elle : « Oui-da, dit- « il, or sus, il faut entrer à Sainte-Claire. » — « Mon père, je suis toute prête. » — « Non ; il faut être sœur hospitalière. » — « Tout ce qu'il vous plaira. » — « Ce n'est pas encore ce que je veux ; vous serez Car- « mélite. » — « Je suis prête à vous obéir[2]. » Après « l'avoir ainsi éprouvée : « Eh ! bien, dit-il, rien de tout « cela ne vous convient. » Et il lui indiqua sa véritable pensée.

Cette pensée, qu'était-elle ? Sur quel plan François de Sales avait-il conçu son œuvre ? Le but que s'était proposé le grand évêque, c'était, avant tout, d'ouvrir les portes du cloître « aux filles et femmes infirmes

---

1. *Histoire de sainte Chantal*, par M. Bougaud, p. 250.
2. *Vie de sainte Chantal*, par la Mère de Chaugy, p. 1, ch. 21.

« qui, selon l'expression du Saint, n'ont pas de corps
« assez forts pour entreprendre les austérités que l'on
« fait ès autres religions ou qui ne sont pas inspirées de
« servir Dieu et de s'unir à lui par la voie de ces austérités [1]. » Dès lors, il voulait un institut qui substituât aux
grandes austérités corporelles le plus parfait dépouil-
lement et silence intérieur. Son but, c'était encore,
dit-il, d'offrir une retraite soit « à des veuves encore
« aucunement attachées aux affaires de leurs en-
« fants », soit « aux femmes qui demeurent dans le
« monde, quand elles désireraient prendre des réso-
« lutions et instructions pour mieux et plus sainte-
« ment vivre en leurs maisons et ménages [2]. »

A cette double fin s'ajouta, dans le principe, un
exercice qui eut aussi sa place dans le plan primitif de la Visitation. François se proposa, dans
une mesure que nous indiquerons bientôt, de
donner à l'Église des Religieuses qui, alliant la
vie de Marthe à celle de Marie, travaillassent au salut du prochain, non-seulement par l'apostolat de
la prière et de la sainteté, mais aussi par la visite des
malades, le soin des pauvres et l'éducation des jeunes
filles. Dès lors, il voulut remplacer la clôture complète, devenue impossible, par une demi-clôture,
les vœux solennels par des vœux simples, ces vœux
qui rendent illicites les actes opposés, mais sans les
frapper d'invalidité, de manière à faire une Congrégation plutôt qu'une Ordre religieux [3]. C'était accrédi-

1. Œuv. comp. du Saint, T. III, 444. Entr. XIII.— 2. Œuvres
du Saint, édition Migne. T. VI. col. 1141.— 3. T. VII, 483.

ter en France la vie religieuse telle qu'elle s'était prati-
quée de tout temps dans l'Église avant Boniface VIII [1];
telle que l'avaient rétablie à Milan saint Charles
Borromée, et à Rome sainte Françoise Romaine ; telle
que la demandaient les besoins d'une société qui se
transformait, et qui devait voir des épouses de Jésus-
Christ, non plus seulement cachées derrière des grilles
impénétrables, mais envoyées au monde comme des
anges visibles, pour être les mères des pauvres, des
malades, des enfants ; telle, en un mot, que, naturellement, devaient la concevoir le génie pratique et le
grand cœur d'où était sortie l'*Introduction à la vie dévote*.

D'après des auteurs très-estimés [2], ce fut cet exercice qui fit donner aux Filles de saint François de
Sales le nom de *Visitandines*. D'un passage très-expli-
cite des *Entretiens* de notre Saint [3], de quatre de ses
lettres adressées à des personnages éminents [4], d'un
grand nombre d'historiens des plus considérés [5], il
semble résulter que cet exercice fut une des fins essen-
tielles que se proposa le Fondateur de la Visitation.
De là, le mot célèbre que rapporte Mgr Camus et que
nous attribuons plutôt à l'humilité de notre Saint.
« Vous le dirai-je ingénument ? » lui dit un jour l'évêque
de Genève à propos de sa chère Visitation, « j'ai fait ce

1. Œuv. comp. T. VI, 392.— 2. Charl.-Aug., l. 7, p. 420. Mgr
Camus. *Esprit*, etc., p. 15, s. 11. Mgr de Marquemont. Migne,
t. VI, p. 1133. — 3. *Entret.* 13, t. III, 442. — 4. 24 mai 1610 ;
3 avril 1611 ; 1614 à l'Infante de Savoie ; 10 juill. 1616. — 5.
Longueterre, p. 8. Mère de Chaugy. *Vie du B. François.* ch. 29.
Maupas, p. 5, ch. 1. Pérennès, l. 7, § 13.

« que je voulais défaire, et défait ce que je voulais
« faire... Mon dessein était d'établir une Congrégation
« simple de filles et de femmes veuves... dont l'exer-
« cice fût de vaquer à la visite et au soulagement des
« pauvres malades... de sorte que le nom de Visita-
« tion qui leur est demeuré est plutôt une Visitation
« passive qu'active, et elles sont plutôt visitées que
« visitantes [1]. » De là aussi, la Congrégation des
Sœurs de Saint-Joseph, « née, il y a plus de deux
« siècles, du zèle apostolique d'un évêque selon le
« cœur de Dieu, uni à celui d'un saint religieux de
« la Compagnie de Jésus, qui se sont l'un et l'autre
« inspirés de ce qui avait été la première pensée de
« saint François de Sales et efforcés de le réaliser [2]. »
Mais nous lisons dans les Œuvres des saints Fondateurs eux-mêmes des déclarations qui, sans détruire
les témoignages précédents, en précisent le sens et la
portée. « Quant à la visite des malades, écrivait le
« Saint en 1616, elle fut plutôt ajoutée comme exer-
« cice conforme à la dévotion de celles qui commen-
« cèrent cette Congrégation et à la qualité du lieu où
« elles étaient que pour fin principale [3]. » « Ma très-
« chère fille, » écrivait-il encore le 23 janvier 1618,
« Dieu n'a pas élu votre Institut pour l'éducation des
« petites filles. » Dans son *Mémoire sur l'établissement
de l'Ordre de la Visitation*, la Mère de Chantal dépeint
la visite des malades faite par deux Sœurs seulement

*1. *Esprit du B. François de Sales*, p. 6, sect. 10. — 2. Paroles de Son Éminence le cardinal Caverot, archevêque de Lyon.
Études religieuses, juillet 1878, p. 140. — 3. Migne, t. VI, 1144.

dont le tour changeait chaque mois [1]. C'est à peu
près dans les mêmes proportions que les Sœurs
devaient s'occuper des écoles. « Que ce petit Institut
« de la Visitation , dit ailleurs la sainte Fondatrice,
« soit comme un pauvre colombier d'innocentes
« colombes, dont le soin et l'emploi est de méditer
« la loi du Seigneur, sans se faire voir ni entendre
« dans le monde ; qu'elles demeurent cachées *dans le*
« *trou de la pierre* et *dans le secret des masures* pour
« y donner à leur Bien-Aimé vivant et mourant des
« preuves de la douleur et de l'amour de leur cœur
« par leur bas et humble gémissement [2] ». Si donc,
dans le plan primitif de la Visitation, les œuvres
extérieures de charité furent « une des idées favori-
tes des saints Fondateurs [3] », elles y occupèrent cependant une place plutôt secondaire et accessoire.

V.

L'œuvre naissante fut visiblement protégée de
Dieu. Contre toute attente, M. Frémyot consentit au
départ de sa fille. Madame de Chantal put marier sa
chère Marie-Aimée avec Bernard de Sales, baron de
Thorens. Sa fille cadette, Charlotte, mourut subite-
ment. Françoise trouvait naturellement place près de
sa mère, à Annecy. Restait Celse-Bénigne. Quelle scène

---

1. Migne, t. I, 1244. — 2. Exhortation pour le 2e samedi de
Carême. — 3. *Souvenirs hist. d'Annecy*, par M. le chanoine
Mercier, p. 316.

déchirante quand, le 29 mars 1610, le fils et la mère
se séparèrent à Dijon ! Désespéré du départ de sa mère,
Celse-Bénigne se jeta en travers de la porte de la
maison paternelle pour arrêter la Sainte au passage.
L'héroïque chrétienne, les yeux pleins de larmes,
mais fixés au ciel, passa sur le corps de cet enfant
bien-aimé, se promettant bien d'ailleurs de ne point
l'oublier pour autant. Elle demanda ensuite la bénédiction de son vieux père ; et, malgré tous ces sacrifices, elle fut assez forte pour chanter, en quittant
Dijon, le cantique de la délivrance.

A la mère du futur Institut Dieu conduisit aussitôt trois filles dignes de partager avec elle la gloire de
fondatrices : Mlle de Bréchard, jeune personne noble
du Nivernais; Mlle Favre, fille de l'illustre Président
et sœur de Vaugelas; enfin, Jacqueline Coste, pauvre
servante dont la vocation s'élaborait depuis longtemps
dans le silence.

Ce fut le 6 juin 1610, jour de la Sainte Trinité et
fête de saint Claude, que Mme de Chantal, Mlle de
Bréchard et Mlle Favre prirent possession de l'humble demeure qui devait être le berceau de leur Institut[1].
C'était une pauvre maison située dans un faubourg
d'Annecy, la maison de la *Galerie*, que l'on vénère
encore comme une relique, et qui abrite, à cette heure,
un pensionnat florissant tenu par les Sœurs de Saint-
Joseph. Le lendemain de leur entrée dans cette retraite, François de Sales vint y installer Mme de

1. Lettr. 3 avr 1611

Chantal et ses compagnes, déjà revêtues de l'habit du noviciat : il leur dit la messe, les communia, leur prescrivit la clôture pour une année, et leur donna les noms de Mère et de Sœurs. Le 8, il régla avec la Mère de Chantal, pour l'office de la Vierge, imposé à la nouvelle Congrégation, le chant simple, doux et grave que suivent encore les Filles de la Visitation. « Nous commençâmes à chanter l'office sacré, dit la « Mère de Chantal, environ quinze jours après notre « entrée [1] ». Dès lors, François vint très-souvent chez ses Filles spirituelles leur dire la messe dans ce saint asile, et y tracer, dans de courts et naïfs entretiens, les premiers linéaments de leurs Constitutions.

Une ferveur toute séraphique régna aussitôt dans ce petit cénacle ; il devint le sanctuaire des plus héroïques vertus. Le parfum qui en sortait y attira bientôt plusieurs âmes de choix. Ce furent : les demoiselles Roget, de Châtel, Milletot, Fichet, Thiollier, de la Roche, et de Blonay. « Quand Notre-Seigneur « me fit l'incomparable grâce d'entrer dans notre « Institut, dit la Mère Fichet, il n'y avait encore « que six religieuses. Elles vivaient comme des anges « en pureté et en amour divin, de sorte que l'on aurait « oublié de prendre soin de son corps, si notre « saint Fondateur ne nous eût fait comprendre que « nous devions être aussi promptes à obéir au pre- « mier coup de cloche pour aller au réfectoire, à la « récréation et au lit, que pour le réveil et l'office [2]. »

1. Mémoire sur l'établ. de la Vis. Migne T. I. 1239.— 2. Migne. Œuvr. de saint François. T. I, 903.

Au reste, le Saint ne craignait point de reprendre ses Filles spirituelles. « Un jour que le froid était très-« vif, raconte la même Religieuse, notre bienheureux « Évêque vit que j'avais une espèce de mauvais man-« chon que je m'étais fait avec une enveloppe de toile « noire. Il me demanda pourquoi je portais cela : je « lui répondis que c'était parce que j'avais les mains « enflées. Il me montra les siennes qui ne l'étaient « pas moins, et il me dit : *Ma fille, vous portez un* « *manchon et je n'en porte point*. A ces paroles, je « jetai mon enveloppe de toile, et depuis lors, il ne « s'est jamais porté parmi nous ni manchon ni « gants [1]. »

Ainsi l'on vivait à la *Galerie*. Le 6 juin 1611, François y reçut les vœux simples ou plutôt la *sainte obla-tion* des trois fondatrices. Dans le rit tracé pour cette cérémonie, le Saint a su mettre admirablement en relief deux pensées qui résument tout le sens de cette solennité : une mort et une naissance en Jésus-Christ.

Chose plus remarquable encore, quatre jours après, le 10 juin, le Fondateur de la Visitation donna à sa sainte coopératrice, comme armoiries de la maison : « un unique cœur percé de deux flèches enfermé « dans une couronne d'épines, ce pauvre cœur ser-« vant dans l'enclavure à une croix qui le surmon-« tera, et sera gravé des sacrés noms de Jésus et de « Marie ; car vraiment, ajouta-t-il, notre petite Con-

1. Migne. Œuv. de S. François. T. I. 904.

« grégation est un ouvrage du Cœur de Jésus et de
« Marie ; le Sauveur mourant nous a enfantés par
« l'ouverture de son Sacré-Cœur [1]. » Dès lors, l'Évêque
de Genève ne cessa d'inspirer à ses Filles spirituelles
pour le Sacré-Cœur une dévotion toute particulière.
Sa correspondance renferme sur ce point des paroles
de plus en plus lumineuses et enflammées [2]. Qu'est-ce à
dire ? En greffant sa Visitation sur le Sacré-Cœur, le
saint patriarche eut-il un sublime pressentiment de
ce qui, cinquante ans après sa mort, devait arriver à
une humble Visitandine de Paray-le-Monial ? Ou bien
fut-ce pour récompenser le père dans ses Filles que
Jésus-Christ choisit la Visitation, de préférence aux
autres-Instituts, pour en faire la première confidente
et dépositaire des secrets de son amour ? Quoi qu'il en
soit, il est certain que c'est une des gloires les plus
pures de ce Saint que d'avoir été ainsi le Père de la
dévotion au Sacré-Cœur, en faisant du cœur de ses
Filles le temple du divin Cœur.

La mère de Chantal et ses héroïques Filles furent
fidèles au noble blason qu'elles avaient adopté.
M. Frémyot étant mort, la vénérable supérieure dut
passer quatre mois en Bourgogne pour veiller aux
intérêts de ses enfants. A son retour, elle fit le vœu
effrayant de faire toujours ce qui lui paraîtrait le plus
parfait.

Le 1er janvier 1612, les Visitandines commen-
cèrent la visite des pauvres et des malades. Avec

1. Œuv. comp., T. VII, 198.— 2. Voir T. IX, 544.— T. X, 359,
538. — T. XI, 56, 351. — Dép. sainte J.-F. de Chantal. art. 25.

quel amour la Mère de Chantal et d'autres Sœurs professes servaient de leurs nobles mains les membres souffrants de Jésus Christ! Quelle édification pour tout Annecy [1]! Aussi la famille des Sœurs de la Visitation s'accrut-elle rapidement. Le 30 octobre 1612, elles quittèrent la *Galerie*, devenue trop étroite, et se transportèrent, au nombre de seize, dans une seconde maison provisoire, la maison Nicolin [2].

VI

Les Filles de Sainte Marie y furent bientôt visitées par de rudes épreuves. Leur Mère tomba malade et fut réduite à l'extrémité. « Ma fille, lui dit alors « saint François de Sales, peut-être que Dieu veut se « contenter de notre bonne volonté, comme autrefois « il se contenta qu'Abraham se mît en devoir de lui « sacrifier son fils. Si cela est, son saint Nom soit béni ! » — « Oui, mon très-cher seigneur, répondit « la malade, sa volonté soit faite au temps et à l'éternité [3]. » Acte héroïque, paroles sublimes où se révèle le parfait détachement auquel étaient parvenus les deux saints Fondateurs !

Pendant que la mort menaçait d'abattre la pierre fondamentale de l'édifice, la malveillance des hommes faisait pleuvoir sur toute la maison des critiques, des sarcasmes et de noires calomnies. Le saint

---

1. Mère de Chaugy. Mémoires sur sainte J.-F. de Chantal, ch. 5. — 2. Ch. Aug.,l. 7, 430 — 3. M. Bougaud, p. 418.

évêque y répondit par une savante apologie des Congrégations religieuses, mais surtout par une humble et douce patience; son Institut, par un redoublement de charité et par le généreux abandon d'un riche héritage qu'on lui disputait.

L'orage s'apaisait, quand la mort du baron de Chantal appela de nouveau sa belle-fille en Bourgogne pour régler la succession. On vit alors la Sainte se venger par une bonté toute maternelle de la misérable servante qui l'avait tyrannisée neuf ans, elle et ses enfants; on la vit aussi débrouiller, en un mois, le chaos des affaires du défunt avec une habileté qui montre combien la piété, bien entendue, sait se plier à tout.

De retour à Annecy, la vénérable Fondatrice fut de nouveau sur le point de succomber à ses fatigues. Saint François de sales lui appliqua les reliques de saint Blaise, et la malade fut guérie à l'instant.

VII.

Ce miracle fut suivi de deux faveurs extrêmement précieuses : Son Altesse Marguerite, infante de Savoie et duchesse de Mantoue, ainsi que son père, Charles-Emmanuel I, daignèrent prendre, à la demande de François [1], la Congrégation naissante sous leur haut patronage; et le 18 septembre 1614, le saint pontife bénit solennellement la première pierre du *premier*

---

1. Œuv. comp. T. VI, 322.

monastère régulier si bien appelé dans l'Ordre la *Sainte-Source*. Malgré bien des obstacles, les travaux marchèrent rapidement. Bientôt les Sœurs purent s'installer, au nombre de vingt-six, dans leur nouveau Nazareth, et l'église elle-même fut livrée au culte le 30 septembre 1618.

A peine formée, cette première ruche donna un essaim qui alla s'abriter à l'ombre de Notre-Dame de Fourvière. L'illustre Mgr de Marquemont, cardinal-archevêque de Lyon, désirait un établissement de ces Religieuses dont la vertu répandait son parfum jusque dans sa cité. La Mère de Chantal lui conduisit, le 28 janvier 1615, les sœurs Favre, de Châtel et de Aimée de Blonay, âme d'élite que le saint Fondateur appelait « la crème de la Visitation. » Aux approches de Lyon, la Mère de Chantal sentit l'ange de la France lui faire un accueil qui lui présagea le bien que ses Filles feraient dans cet État [1]. De son côté, l'évêque de Genève soutint la jeune colonie par des lettres pleines de sagesse et de tendresse paternelle [2].

VIII.

Fallait-il que l'éminent prélat, chez qui ces saintes Filles venaient inaugurer un ministère de charité, se déclarât formellement contre ce nouveau genre de vie religieuse ? Ainsi le voulut la Providence. Mgr de

1. Mère de Chaugy, 2e p. 9e ch. — 2. Œuv. comp. T. VII, 261. — T. X, 503 à 510.

Marquemont craignit que, dans leurs visites aux malades et leur contact avec le monde, les Sœurs ne donnassent contre des écueils qui effrayaient sa prudence. Il craignit que, la ferveur des commencements une fois disparue, des vœux simples et une demi-clôture ne fussent plus des barrières suffisantes contre la dissipation et le relâchement [1]. « Ces raisons,
« dit à ce propos l'éloquent historien de sainte J.-F.
« de Chantal, avaient en apparence quelque solidité ;
« au fond, elles n'étaient que spécieuses. L'institution
« si admirable et si bien réussie des Sœurs de Saint-
« Vincent-de-Paul, allait donner un éclatant démenti
« à toutes ces vaines craintes exprimées par le *Mé-*
« *moire*... Quant aux inconvénients qui devaient ré-
« sulter nécessairement, disait-il, de l'émission des
« vœux simples, qu'aurait pensé le cardinal s'il lui
« avait été donné de voir naître dans la suite des âges,
« outre les Sœurs de Saint-Vincent-de-Paul, les Frè-
« res de la Doctrine chrétienne, les Petites-Sœurs-des-
« Pauvres, et cette foule de Congrégations qui ne font,
« depuis trois siècles, que des vœux simples, et qui
« pourtant embaument l'Église d'un tel parfum de
« vertu que les plus cloîtrées pourraient s'en montrer
« jalouses ? Qu'aurait-il dit surtout, si, pénétrant l'a-
« venir, il avait vu ces religions cloîtrées elles-mê-
« mes, les Dominicaines, les Carmélites, les Clarisses,
« réduites en France, par le malheur des temps, à ne

1. *Voir* Œuvres de saint François de Sales, Migne. T. VI, 1127. Complément, p. 86, 274.

« plus faire que des vœux simples, et sous cette der-
« nière forme, n'offrant à l'Église ni plus d'embarras,
« ni moins de vertus [1]?» « En effet, les Congrégations
« et les religions ne sont point différentes devant la
« divine Majesté, écrivit notre Saint lui-même; car,
« selon icelle les vœux des unes sont aussi forts que
« ceux des autres, et le titre de Congrégation n'étant
« pas si spécieux ni honoré, m'en plaisait davan-
« tage [2]. »

Mgr de Marquemont n'en persista pas moins dans
ses vues. En vain eut-il des conférences sur ce
sujet avec le saint évêque de Genève, soit à Lyon,
soit à Annecy, le cardinal fut inflexible. François
eut mille peines à céder : il prévoyait combien
seraient populaires les simples Congrégations adon-
nées aux œuvres de zèle ; et le cardinal Bellarmin, à qui il en avait référé, l'engageait à ne
rien changer à son premier plan , d'autant plus
« que les vœux simples n'obligent pas moins et ne
« sont pas de moindre mérite devant Dieu que les
« vœux solennels [3]. » Il en était de même de la Mère
de Chantal. Cependant, après une année et demie de
résistance, la modestie du Saint acquiesca au jugement du cardinal, et le fit « avec une douceur, une
tranquilité, et même une suavité non pareille [4]. »

« Il fâchait à notre bienheureux Père, dit la Mère
« de Chantal, de changer la simplicité de sa petite

---

1. Bougaud, ch. 16, p. 413.— 2. Lett. 2 déc. 1615.— 3. Lettre
du 29 décembre 1616. — 4. Lett. octob. 1617.

« Congrégation, lui semblant que cette manière de
« vivre, étant moins éclatante, aurait aussi plus de
« sujet d'abjection, et de se tenir dans la bassesse et
« petitesse. Néanmoins , regardant en la divine Pro-
« vidence, il acquiesça, et me dit peu après que,
« toutes choses bien pesées et considérées, c'était le
« mieux que nous fussions religieuses par le vœu
« solennel, et que Dieu avait fait sa volonté, nonob-
« stant sa répugnance [1]. »

IX.

Instrument docile de la volonté de Dieu, François
de Sales avait donné à la Visitation sa forme définitive. Il allait mettre tous ses soins à communiquer au
jeune Institut l'esprit qui devait l'animer et le rendre
fidèle à ses grandes destinées. C'est ainsi qu'après
avoir formé l'homme du limon de la terre, le Très-
Haut répandit sur lui ce *souffle de vie* qui s'appelle
l'âme humaine. C'était la partie la plus importante de
la nouvelle création : ce fut celle dont notre Saint
s'occupa davantage.

Le premier travail qu'il fit dans cette intention fut
son « insigne et incomparable [2] » *Traité de l'amour de
Dieu*. Bien que depuis longtemps le Saint eût en vue
d'écrire cet ouvrage [3], sa composition se rattache spécialement à l'histoire de la Visitation ; car son auteur

1. Œuv. Sainte J. de Chantal. Migne, I, 1246. — 2. Décret du
Doctorat. — 3. Œuv. comp., T. IX, 382.

l'écrivit à l'occasion des grâces extraordinaires d'oraison que Dieu donnait à la Mère de Chantal et à ses Filles; il l'écrivit à la prière de ces saintes âmes désireuses de conserver, pour elles et leur Institut, la pensée de leur éminent directeur sur des matières difficiles et graves; il l'écrivit avec le secours de leurs prières, l'œil fixé sur leurs âmes comme sur la sienne [1]. Deux ans et demi suffirent au saint évêque pour rédiger ce superbe Traité qui parut en 1616; mais il n'en est pas moins le fruit de vingt quatre années passées au service des âmes [2], et il est quatorze lignes de ce livre qui coûtèrent à l'auteur la lecture de plus de douze cents pages in-folio [3], comme il l'a révélé lui-même. Ce travail n'a point été, d'ailleurs, l'œuvre de l'homme seul : en récompense de son application à écrire *autant sur son cœur que sur le papier* [4], François de Sales versa, durant la composition, des larmes d'amour en abondance, et, le 25 mars, un globe de feu apparut visiblement sur sa tête pour embraser son cœur et rendre son visage tout resplendissant [5]. Il avait d'ailleurs reçu le don d'oraison d'une manière éminente.

Aussi, quel chef-d'œuvre que *Théotime!* Il est vrai, on trouve parfois dans les premiers livres des considérations très-métaphysiques, et, dans les 9e et 10e livres, des passages qui choquent notre délicatesse de langage. Mais reprochera-t-on à saint François de pla-

---

1. Préface, T. I, 317. — Bougaud. I, 527. — 2. T. I, 310 —
2. Mgr Camus, *Esprit du B. Fr. de Sales* P. 3, sect. 4.— 3. T. X,
354. — 4. Ham., l. 6, ch. 5.

ner par son génie et son angélique pureté trop au-dessus de notre médiocrité et de nos profanes conceptions? Reprochera-t-on au siècle pour lequel il écrivait d'être au-dessus du nôtre par les fortes études et la pureté des mœurs?

A part ces défauts qui tiennent plus à nous qu'au Saint, sinon uniquement à nous, que de beautés dans ce chef-d'œuvre! L'auteur fait converger toutes les vérités religieuses vers leur point central : l'amour de Dieu ou la charité, la vertu par excellence. Cet amour, il le montre sous toutes ses faces. Dans le premier livre, il en fait l'analyse, et, s'il est permis de parler ainsi, une sorte d'anatomie. Dans les trois livres suivants, il en trace toute l'histoire : histoire de sa naissance, de ses progrès et de sa perfection au ciel, de sa décadence et de sa ruine dans l'âme refroidie et pécheresse. Du cinquième au neuvième livre, il le peint dans ses divers exercices; il le montre se complaisant dans la vue des perfections divines, épris de compassion devant la croix de Jésus-Christ, plein d'une bienveillance qui lui fait appeler de ses vœux le règne de Dieu dans ce monde et dans l'autre; il le montre se livrant à l'oraison dont le Saint expose jusqu'aux degrés les plus sublimes; il le montre enfin vivant de la vie de Dieu par la conformité à la volonté de Dieu, signifiée et à son bon plaisir, et c'est peut-être là que ce grand théologien de l'amour est plus pratique et plus ravissant. Enfin dans les trois derniers livres, il nous parle du commandement que Dieu nous fait de l'aimer, des fruits de cet amour et de quelques moyens d'y avancer. Quel vaste cadre et quel développement harmonieux ! L'auteur considère ainsi l'amour de Dieu en philosophe, en historien, en peintre et en apôtre.

Dans tout le cours de l'ouvrage, se révèlent la profondeur du théologien consommé, la piété du saint qui écrit avec le cœur plus encore qu'avec la plume, le talent du littérateur qui sème ses pages de traits charmants, d'images et de comparaisons heureuses, la simplicité et le naturel d'un homme plein de son sujet et dont l'âme déborde de pensées. Jacques Ier, tout protestant qu'il était, fut ravi d'un livre si riche, si saint, si parfumé ; et les personnages les plus considérables prononcèrent de suite ce que Pie IX proclamera plus tard, que dans cet ouvrage *vraiment divin* l'auteur s'était élevé, avec le vol de l'aigle, jusqu'aux cimes où seuls atteignent les Docteurs de l'Église.

X.

Le *Traité de l'amour de Dieu* n'est point, d'ailleurs, le seul travail spirituel qu'ait fait, en vue de son Institut, le fondateur de la Visitation. Peu après cet immortel ouvrage parurent les *Constitutions*, les *Règles* et le *Directoire* de la nouvelle famille monastique.

La sainte liturgie elle-même a loué ces *Statuts*, « comme admirables de sagesse, de discrétion et de « suavité [1]. » Désireux d'attirer au festin du Père de

1. Leçons du 2e nocturne, 29 janvier.

famille même les personnes affaiblies par l'âge et les infirmités, le saint législateur de la Visitation n'ajoute guère aux mortifications extérieures prescrites par l'Église, que le jeûne du vendredi depuis la Saint-Michel jusqu'à Pâques, celui de quelques Vigiles et l'usage modéré de la discipline chaque vendredi, laissant à la ferveur guidée par l'obéissance de suppléer à ce que la Règle ne prescrit pas. Il n'assigne d'autre Office liturgique que la psalmodie du petit Office de la Vierge. Mais, par contre, il s'applique à crucifier l'âme de ses Religieuses : de là une pauvreté stricte qui leur ordonne de changer chaque année jusqu'aux croix et aux images, une obéissance qui leur assigne leurs occupations chaque matin et chaque soir, les assujettit à toutes les minuties de la Règle, et les appelle toute la journée à des exercices admirablement harmonisés, mais fréquents et continuels.

Au reste, dans l'Ordre tout entier, chaque Monastère est indépendant des autres. Si respectueuses qu'elles doivent être envers la *Sainte-Source*, les diverses Maisons ne se relient entre elles que par la communauté de règle et d'origine. Chacune doit avoir à sa tête : un supérieur, l'évêque diocésain ou son représentant, appelé à intervenir dans les « choses de « grande considération [1] » ; un confesseur « chargé « surtout des affaires spirituelles ordinaires » ; une supérieure élue à la majorité et par suffrage secret, mais pour trois ans seulement. La Communauté se

---

1. Œuvres complètes, T. VII, 532.

compose des Sœurs de chœur, destinées à chanter l'Office ; des Associées, exemptes de l'Office, mais assimilées pour le reste aux premières ; enfin des Sœurs domestiques, qui n'ont pas voix au chapitre. Toutes ne doivent former qu'un cœur et qu'une âme, s'inspirant de l'esprit de simplicité, de douceur et d'humilité.

Chaque Sœur trouve dans le *Directoire,* soit un exposé des vues surnaturelles dont son Patriarche vivifiait toutes ses œuvres, soit des indications aussi suaves que sûres touchant la manière de sanctifier toutes les actions de la journée [1]. Tel est, dans une rapide esquisse, l'ensemble des règlements que, de concert avec la Mère de Chantal, le fondateur de la Visitation léguait à ses Filles, le 9 octobre 1616. Il écrivit aussi les deux premiers cahiers de leur *Coutumier*, tant il veillait à ce que rien, chez elles, ne fût laissé à l'arbitraire et à la précipitation.

Ce fut le 9 octobre 1618, que, délégué du Saint-Siége, François érigea sa pieuse fondation en Ordre religieux, sous la règle de saint Augustin [2].

XI.

Rien de pur, de frais, de gracieux et d'instructif comme le portrait de la parfaite Religieuse, tracé par le bon Saint lui-même [3]. Une Sœur converse du Mo-

1. Lettres sainte J.-F. de Chantal, T. II, 172, 190. — 2. Œuv. du Saint, 7, 574. — 3. Mère de Chaugy. Œuvr. de S François. Migne. T, IV, 1358.

nastère d'Annecy, nommée Simplicienne Fardel, et vraiment digne par son angélique simplicité du nom qu'elle portait, lui demanda un jour avec sa naïveté ordinaire : « Monseigneur, si vous étiez religieuse « parmi nous, comment feriez-vous pour être bientôt « parfaite? » — « Ma chère fille, lui répondit-il avec « un doux sourire, il me semble qu'avec la grâce de « Dieu je me tiendrais si attentive à pratiquer les pe- « tites et menues observances qui sont introduites « céans, que par ce moyen je tâcherais de gagner le « cœur de Dieu. Je garderais bien le silence, et je « parlerais aussi quelquefois, même au temps de « silence, je veux dire toujours quand la charité le « requerrait, mais non jamais autrement. Je parle- « rais bien doucement, et y ferais une attention par- « ticulière, parce que la constitution l'ordonne. Je « fermerais et ouvrirais les portes bien doucement, « parce que notre mère le veut, et nous voulons bien « faire tout ce que nous savons qu'elle veut que l'on « fasse. Je porterais la vue bien basse, et marcherais « fort doucement; car, ma chère fille, Dieu et ses « anges nous regardent toujours et aiment extrême- « ment ceux qui font bien. Si l'on m'employait « à quelque chose et que l'on me donnât une « charge, je l'aimerais bien et tâcherais de faire « tout à propos. Si l'on ne m'employait à rien « et qu'on me laissât là, je ne me mêlerais de « choses quelconques que de bien faire l'obéissance « et bien aimer Notre-Seigneur. Oh ! il me semble que « je l'aimerais de tout mon cœur, ce bon Dieu, et que

« j'appliquerais bien mon esprit à observer les Règles
« et Constitutions. Il m'est encore avis que je serais
« bien joyeux, et que je ne m'empresserais jamais ;
« cela, Dieu merci, je le fais déjà, car jamais je ne
« m'empresse. Je me tiendrais bien bas et petit, je
« m'humilierais selon les circonstances ; et si je ne
« m'étais pas humilié, je m'humilierais au moins de ce
« que je ne me serais pas humilié. Je tâcherais le
« mieux qu'il me serait possible de me tenir en la
« présence de Dieu, et de faire toutes mes actions
« pour son amour ; car, ma fille, on vous apprend
« céans à faire ainsi ; et qu'avez-vous à faire autre
« chose que cela en ce monde ? Rien du tout : nous
« savons tout ce qui est requis, si nous savons cela.
« A cette heure, il faut nous quitter nous-mêmes ;
« commençons tout de bon, Dieu nous aidera. Si nous
« avons bon courage, nous ferons prou, Dieu aidant.
« Mais savez-vous encore, ma fille Simplicienne ? Je
« laisserais bien faire de nous tout ce que l'on vou-
« drait, et je lirais surtout les chapitres de l'Humilité
« et de la Modestie dans nos Constitutions. O ma
« chère fille, il les faut bien lire »

A cela ne se bornèrent pas les soins que le Père de
ces âmes de choix prodigua à ses Filles spirituelles.
L'œil sans cesse ouvert sur le présent et l'avenir de
cette grande famille, il adresse à la Mère de Chantal,
à la Mère de Châtel, à la Mère Favre et à bien d'autres,
des *Lettres* dont on ne sait qu'admirer davantage de
leur nombre prodigieux, pour un prélat si occupé,
de leur richesse doctrinale vraiment inépuisable, ou

du charme infini qu'y répandent l'inimitable style et la douce modestie du bon Saint.

A tous ces trésors spirituels que l'évêque de Genève laissa à la Visitation, et, par elle, au monde entier, nous devons en ajouter un dernier qui, sans être sorti de sa plume, comme les autres, n'en est pas moins sorti de son génie et de son cœur. Ce sont ces *Entretiens spirituels* qu'on peut regarder comme son testament. Non pas que tous aient été donnés dans ses dernières années ; car, la tradition [1] rapporte que le Saint les commença dans la maison de la *Galerie*, et apparemment à l'ombre du vieux cep de vigne qui reste encore, comme un autre chêne de Vincennes, témoin plusieurs fois séculaire de ces délicieuses causeries. Mais ces *Entretiens* ont été terminés beaucoup plus tard, au parloir du monastère définitif d'Annecy. Que l'on n'y cherche pas, du reste, l'ordre savant, le tissu serré que l'on admire dans les autres ouvrages du Saint : ils ont jailli de son âme sans apprêt et selon que les circonstances les provoquaient. On n'y trouve pas moins, comme dans une superbe galerie, le tableau des vertus chrétiennes et religieuses, tracé de main de maître ; et de toutes les œuvres du saint Docteur, il n'en est peut être aucune de plus pratique et de plus populaire. A mesure que l'un d'eux venait d'être donné, la piété filiale des Visitandines le recueillait aussi fidèlement que possible, grâce surtout à la prodigieuse mémoire de la sœur Fichet, de

---

1. S. Fr. de Sales, Doct de l'Église, par le R. P. Desjardins, p. 56.

sorte que ces improvisations nous sont parvenues aussi authentiques qu'on peut le désirer [1]. L'âme de saint François s'y reflète tout entière, avec son fonds inépuisable de science, son cœur si aimant, son imagination si gracieuse et sa charmante naïveté.

Que de richesses à extraire de cette mine d'or ! Ici, le Docteur de la piété nous dit que, « l'abandon à Dieu est la vertu des vertus, la crème de la charité, l'odeur de l'humilité, le mérite de la patience et le fruit de la persévérance; que, pour faire cet abandon, il faut obéir à la volonté de Dieu signifiée, qui comprend ses commandements, ses conseils, ses inspirations, nos règles et les ordonnances de nos supérieurs, et à la volonté de son bon plaisir qui s'étend à tous les événements que nous ne pouvons pas prévoir [2]».

Là, il dit à l'âme inconstante et bizarre : « Dites-moi un peu, si vous vous gouverniez par la raison, ne verriez-vous pas que s'il était bon de servir Dieu hier, il est encore très-bon de le servir aujourd'hui, et qu'il sera très-bon de le servir demain? Car c'est toujours le même Dieu aussi digne d'être aimé quand vous êtes en sécheresse que quand vous êtes en consolation [3]. » Il nous recommande « de faire en ce misérable monde ce que font ceux qui cheminent sur la glace.... quand ils se prennent par la main ou par-dessous les bras, afin que si quelqu'un d'entre eux glisse, il puisse être retenu par l'autre [4]. »

1. Œuvres complètes du Saint. T. III, 267. — 2. Œuv.comp., T. III, 286, 287. 473. — 3. Ib. 297. — 4. Ib. 301.

Ailleurs, le plus aimable des saints s'exprime ainsi au sujet des caresses innocentes comme celles qu'il donnait à sa mère, même étant évêque. « Les viandes où le sel et le sucre sont mis par mesure, dit notre Docteur, sont rendues agréables au goût : de même, les caresses qui sont faites par mesure et discrétion sont rendues agréables et profitables à celles à qui on les fait. La vertu de bonne conversation requiert que l'on contribue à la joie sainte et modérée, et aux entretiens gracieux qui peuvent servir de conversation et de récréation au prochain, en sorte que nous ne lui causions point d'ennui par nos contenances refrognées et mélancoliques, ou bien refusant de nous récréer au temps destiné pour le faire [1]. »

Ce grand maître dit en parlant de l'humilité : « Elle ne gît pas seulement à nous défier de nous-mêmes, mais aussi à nous confier en Dieu ; la défiance de nous-mêmes et de nos propres forces produit la confiance en Dieu ; et de cette confiance naît la générosité d'esprit [2]. » Et ailleurs : « Sans doute nous avons un grand sujet de craindre, quand nous recherchons les charges et les offices, soit en religion, soit ailleurs, et qu'elles nous sont données sur notre poursuite ; mais quand cela n'est point, ployons humblement le cou sous le joug de la sainte obéissance, et acceptons de bon cœur le fardeau... Ne rien demander et ne rien refuser, est une maxime d'une utilité non pareille [3]. »

Plus loin il applique aux âmes ferventes les trois

1. Œuv. comp., T. III, 310. — 2. T. III, 328. — 3. T. III, 340.

lois de la colombe : par la première, « elles font tout pour leur colombeau et rien pour elles,» c'est la pureté d'intention ; par la seconde, elles disent à leur maître quand il leur ôte leurs œufs : « Plus l'on m'en ôte et plus j'en fais, » c'est le détachement de nos désirs quand il plaît à Dieu d'en empêcher l'exécution, et la patience pour persévérer quand même à son service; par la troisième, « les colombes pleurent comme elles se réjouissent, elles ne chantent toujours qu'un même air, » c'est l'égalité d'humeur [1].

Il nous enseigne aussi : « qu'une faute, pour petite qu'elle puisse être, faite avec affection, est plus contraire à la perfection que cent autres faites par surprise [2]. » — « Si vous prenez un verre et que vous l'emplissiez dans une fontaine, ajoute-t-il, et que vous buviez dans ce verre sans le sortir de la fontaine, encore que vous buviez tant que vous voudrez, le verre ne se videra point ; mais si vous le tirez hors de la fontaine, quand vous aurez bu, le verre sera vide : ainsi en est-il des amitiés selon qu'on les tire, oui ou non, de leur source qui est Dieu [3]. »

Nous révélant nous-mêmes à nous-mêmes : « Les abeilles, dit-il, n'ont aucun arrêt tandis qu'elles n'ont point de roi : de même, notre âme ne goûte aucun repos tant qu'elle n'a choisi Notre-Seigneur pour son Roi [4]. »

On lit enfin ces paroles si dignes d'attention : « Il

___

1. T. III, 350, 358, 361.— 2. Œuv. comp., T. III, 368. — 3. T. III, 369. — 4. T. III, 378.

n'y a point de différence entre une personne enivrée et celui qui est plein de son propre jugement [1]. » — « L'oraison n'est autre chose qu'une application totale de notre esprit avec toutes ses facultés en Dieu [2]. » — « Je voudrais qu'on portât un grand honneur aux confesseurs ; car, outre que nous sommes fort obligés d'honorer le sacerdoce, nous les devons regarder comme des anges que Dieu nous envoie pour nous réconcilier avec sa divine bonté. Et non-seulement cela, mais encore il les faut regarder comme lieutenants de Dieu en terre. Nous avons quelque réciproque obligation aux confesseurs en l'acte de confession, de tenir caché ce qu'ils nous auront dit [3]. » — « Je voudrais que l'on portât grand honneur à ceux qui annoncent la parole de Dieu : il semble que ce soient des messagers célestes qui viennent de la part de Dieu pour nous enseigner le chemin du salut ; la parole de Dieu est aussi pure, aussi sainte que si elle était dite et proféré par les Anges [4]. »

C'est ainsi que dans ces vingt-deux entretiens, l'habile conférencier, toujours neuf et gracieux, promenait son auditoire filialement attentif sur tous les sujets qui intéressent le plus la vie spirituelle.

Ses *Entretiens*, ses *Lettres*, ses *Constitutions* et son *Traité de l'amour de Dieu*, forment dans le champ de l'Église, quatre riches parterres ou plutôt quatre immenses prairies où, jusqu'à la fin des siècles, des lé-

Ib. 423. — 2. Ib. 760. — 3. Œuv. comp., T. III, 481. — 4. Ib. 484.

gions d'abeilles butineront des fleurs toujours visitées et toujours riches et inépuisables.

XII.

Que de bénédictions le ciel a répandues sur l'Ordre si bien fondé par saint François de Sales ! De son vivant, le saint Fondateur vit s'élever treize monastères [1], et la digne coopératrice en établit jusqu'à quatre-vingt-sept. Peu après, ce fut à l'une de ses Filles, à la Bienheureuse Marguerite-Marie Alacoque, que Jésus-Christ ouvrit, dans des apparitions reconnues par l'Église, sa poitrine et son Cœur adorable pour en faire sa confidente, sa victime et son apôtre. Enfin, par un phénomène rare dans les annales des Instituts religieux, la Visitation a traversé trois siècles, et quels siècles, grand Dieu ! sans avoir eu besoin d'aucune réforme. Son *Année sainte* est un monument que peuvent lui envier les Ordres les plus célèbres. A l'heure où nous écrivons ces lignes, l'Ordre de la Visitation compte cent quarante-sept monastères, dont soixante-six en France, deux en Suisse, trente-et-un en Italie, six en Espagne, deux en Angleterre, un en Portugal, quatre en Belgique, trois en Autriche, un en Galicie, quatre en Bavière, trois en Pologne, deux en Asie et vingt-deux

---

1. Ces treize maisons sont : Annecy, Lyon, Moulins, Grenoble, Bourges, Paris, Montferrand, Nevers, Orléans, Valence, Dijon, Saint-Etienne-en-Forey et Belley.

en Amérique. Les Filles de saint François demeurent les fidèles images de leur illustre Père. Leurs vertus brillent au milieu des ténèbres de notre siècle, comme le phare au sein des ombres de la nuit. Elles répandent autour d'elles un doux parfum et une céleste contagion, et Dieu seul sait combien elles plaident en notre faveur par leurs prières et leurs souffrances !

CHAPITRE VII.

SECONDE PÉRIODE DE L'ÉPISCOPAT DE SAINT FRANÇOIS.

(1610 à 1622.)

I. Evénements accomplis durant la fondation de la Visitation. Mort de M. Déage , départ du président Favre pour Chambéry ; abjuration de Mme de Saint-Cergues ; guérison miraculeuse de Claude de Lachinal. — II. Second Carême de Chambéry et lettres pour la Canonisation du B. Amédée IX. — III. Lettres au sujet de la controverse sur le Pouvoir temporel des Papes. — IV. Voyage de François à Milan. — V. Visites à Gex, à Lyon et à Sion en Valais. — VI. Fermeté apostolique du Saint. — VII. Sa confiance en Dieu. — VIII. Sa charité sans bornes, sa conduite pendant le siége d'Annecy. — IX. Avent et Carême de Grenoble. Conversion de Lesdiguières. — X. François perd plusieurs parents et amis. — XI. Voyage et séjour du Saint à Paris : ses prédications ; ses travaux, particulièrement à Port-Royal ; François refuse la Coadjutorerie de Paris ; il devient premier aumônier de Madame Christine de France. — XII. Miracles qui signalent son retour à Annecy. — XIII. Consolation et soulagement que lui donnent son neveu Charles-Auguste et son frère Jean-François devenu son coadjuteur. — XIV. Réformes des abbayes de Sixt et de Sainte-Catherine. — XV. Malgré sa santé délabrée, le Saint forme de vastes projets, et va à Pignerol. Son dernier miracle à Annecy. — XVI. Il part pour Avignon, et revient à Lyon, son dernier séjour. — XVII. Sa maladie et sa sainte mort.

I.

L'année même où il fonda la Visitation, François de Sales perdit M. Déage, cet ancien maître qu'il avait

nommé chanoine et reçu dans sa famille épiscopale.
Non content de lui faire de fort honorables obsèques
dans sa cathédrale et de les présider en personne, le
saint évêque offrit et fit offrir dans tout son diocèse un
grand nombre de messes pour le repos de l'âme de celui
qu'il ne se lassait pas d'appeler « son ange gardien
visible. » A la première messe qu'il dit pour ce cher
défunt, il dut s'arrêter dans le cours du *Pater*, pour
laisser couler ses larmes, qui ne purent tarir pendant
assez longtemps. Quelle pensée produisait en lui une
si profonde émotion? Le bon Saint la révéla bientôt
à son aumônier. « Hélas ! lui dit-il, cette sainte âme
« repose comme un autre saint Jean sur la poitrine de
« Jésus-Christ. Mais voulez-vous savoir ce qui m'a
« arraché tant de pleurs quand je suis venu à dire le
« *Pater noster* ? C'est que je me suis rappelé que c'é-
« tait cet homme vraiment bon qui m'avait appris le
« premier à dire mon *Pater* [1] ». Touchant exemple
de la reconnaissance que nous devons à ceux qui ont
veillé sur nos jeunes années !

Peu après, le président Favre dut quitter Annecy
pour s'établir à Chambéry, où Charles-Emmanuel Ier
l'avait nommé premier président du Sénat de Savoie.
Quelque élevée que fût cette position, François et son
ami, ainsi séparés, n'en sentirent pas moins leurs
cœurs se déchirer. Pour cicatriser la plaie, le pieux
magistrat prêta au saint prélat, comme devant lui
servir désormais de palais épiscopal, l'hôtel que la

---

1. Mgr Camus, *Esprit*. P. 5, sect. 22.

famille Favre avait occupé et qui était alors le plus beau d'Annecy. François l'accepta et l'habita douze ans; ce qui a valu à cette maison le nom d'*Ancien-Évêché* qu'elle porte encore aujourd'hui ! Mais s'il consentit à passer le jour dans de beaux appartements, il voulut, pour sa chambre privée, un cabinet fort étroit. « Par-là, disait-il [1], l'évêque de Genève sera à sa place pendant le jour, et François de Sales à la sienne pendant la nuit. »

L'an 1611 apporta au Saint plus d'une joie digne de son cœur d'apôtre. Telle l'abjuration de Madame de Saint-Cergues, calviniste si remarquable par ses connaissances religieuses, fruit de vingt-deux ans d'étude, que dans sa secte on l'appelait *archiminis-tresse*. Cette abjuration, faite dans l'oratoire [2] de la *Galerie*, entraîna plusieurs autres retours à l'Église. Telle aussi la conversion du baron de Monthelon, protestant de Lorraine, que François obtint, toujours à Annecy, au prix de conférences qui durèrent six semaines. Telle enfin l'éclosion de l'Oratoire de France, œuvre du cardinal de Bérulle dont notre Saint faisait le plus grand cas.

Cependant, à l'instar du Sauveur, François de Sales chassait les démons, et guérissait les malades. Un jour on conduisit aux prisons de l'évêché un pauvre prêtre de Rumilly, Claude de Lachinal, tombé d'une fièvre chaude dans une folie furieuse. Après avoir célébré le saint sacrifice, l'évêque se présente à la fe-

1. Ch. Aug., . 7, 417. — 2, Œuv. comp., T. IX, 41.

nêtre de la chambre qu'occupait ce malheureux. Il
l'appelle, le caresse un peu, et lui dit : « Ne vous fait.
« il pas beau voir en cet état? Faut-il qu'un prêtr e
« fasse ces escapades? Or sus, remerciez Notre-Sei-
« gneur, car par sa grâce vous êtes guéri. » Puis il
lui fait ouvrir la porte. Le fou furieux se jette aux
pieds de son médecin qui le mène dîner à sa table, et
« oncques depuis, dit le chroniqueur [1], n'a eu le
« moindre ressentiment de son infirmité passée. »

II.

Quand le Saint eut prêché à Chambéry le remarquable Carême de 1612, et demandé au Saint-Siége
d'ériger cette ville en évêché, il prit la plume pour
solliciter la canonisation du Bienheureux Amédée IX,
troisième duc de Savoie. Né à Thonon , mort à Ver-
ceil, en 1472, âgé de 37 ans, ce prince avait si bien
administré ses États, malgré le mal caduc auquel
toute sa vie il fut sujet, que sous son règne, la Savoie
fut appelée le *Paradis des pauvres*. François de Sales
ne négligea rien pour le faire placer sur les autels :
nous avons de lui sur ce sujet huit lettres, une au bio-
graphe du Bienheureux [2], cinq aux héritiers de son
nom et de sa couronne [3], une à Paul V [4] et une à la
Sacrée-Congrégation des Rites [5]. La voix toujours si

1. Le P. de la Rivière, *Vie* du Saint, l. 4, ch. 49. — 2. Œuv.
comp., T. VI, 268. — 3. T. VII, 151, 263. — T. VI, 279, 344,
363. — 4. T. VI, 285. — 5. T. VI, 290.

prudente des Souverains Pontifes ne se hâta point de porter le décret; mais Innocent XI a permis le culte du Bienheureux à tout l'ancien duché de Savoie.

III.

L'évêque de Genève ne resta pas étranger à une autre affaire qui intéressait l'Église universelle, savoir : le pouvoir indirect du Pape sur le temporel des princes. Aujourd'hui que le Saint est élevé au rang des Docteurs, sa doctrine sur ce point doit trouver quelque place, même dans une *Vie abrégée* Or, cette doctrine s'affirme dans trois lettres adressées : l'une à M. Miletot, conseiller au Parlement de Bourgogne, auteur d'un ouvrage opposé à la suprême judicature du Pape sur les rois, l'autre au cardinal S. Borghèse, la troisième à une dame qui n'avait pas craint de descendre sur le terrain de cette difficile polémique.

Dans la première, le Saint flétrit avec une grande délicatesse les théories gallicanes de son correspondant; mais condamne plus encore les esprits brouillons qui, mal à propos, ont soulevé et passionné le débat. « La pauvre mère poule qui, comme ses petits « poussins, nous tient dessous ses ailes, a bien assez « de peine à nous défendre du milan, dit-il en par- « lant de l'Église, sans que nous nous entrebecque- « tions les uns les autres, et que nous lui donnions « des entorses [1]. »

1. Œuv. compl., T. IX, 454.

Dans la seconde, il représente au conseiller de Paul V qu'il faut étouffer dans le silence ces « dis- « putes malencontreuses, et n'y répondre qu'indirec- « tement », en faisant voir leur inopportunité [1].

La troisième renferme, entre autres richesses, les paroles suivantes : « Comme par droit naturel, divin et « humain, chacun peut employer ses forces et celles « de ses alliés pour sa juste défense contre l'inique et « injuste agresseur et offenseur ; aussi l'Église ou le « Pape (car c'est tout un) peut employer ses forces, « et celles de l'Église, et celles des princes chrétiens, ses « enfants spirituels, pour la juste défense et conser- « vation des droits de l'Église, contre tous ceux qui « les voudraient violer et détruire... Comme le Pape « et les autres prélats de l'Église sont obligés de don- « ner leur vie et subir la mort, pour donner la nour- « riture et pâture spirituelle aux rois et aux royau- « mes chrétiens ; aussi les rois et les royaumes sont « tenus et redevables réciproquement de maintenir, « au péril de leur vie et États, le Pape et l'Église, leur « Pasteur et Père spirituel [2]. » Grandes leçons qui eussent fait le bonheur de la France et celui de l'É- glise entière, si tous, pasteurs, princes et simples fidèles, s'en étaient inspirés ! Paroles magnifiques qui nous révèlent assez ce qu'aurait dit leur auteur si, vivant de nos jours, il eût parlé du pouvoir temporel du Saint-Siége et du Denier de Saint-Pierre !

1. Œuv. compl., T. IX, 441. — 2. Ib. 449.

IV.

De ces hauts enseignements, François passait aux autres devoirs du ministère épiscopal. Aussitôt qu'il eut mis fin aux plus pressants, il partit, le 15 avril 1613, pour un pèlerinage au tombeau de saint Charles Borromée, à Milan, en action de grâces de la guérison de la Mère de Chantal.

Quand il approcha de Milan, le cardinal Frédéric Borromée, cousin et successeur de saint Charles, vint à sa rencontre avec le gouverneur de la ville, et lui offrit un appartement dans son palais. L'humble prélat préféra loger en pauvre pèlerin. Le 26 avril, il célébra et resta ensuite plusieurs heures prosterné devant le corps de saint Charles. Au sortir de l'église, les ecclésiastiques de sa suite s'entretenaient avec admiration des magnificences de la cathédrale, cette *huitième merveille du monde*. Remarquant que François ne disait mot, ils lui demandèrent son avis : « Je « vous avoue, répondit-il, que je n'ai rien vu. » — « Mais au moins, Monseigneur, vous avez remarqué « les riches ornements qu'on vous a donnés pour cé- « lébrer la messe : il est impossible que l'éclat des « pierreries qui les recouvraient n'ait pas attiré vos « regards. » — « Je n'ai pas pris garde ; les orne- « ments intérieurs de la sainteté du grand cardinal « Borromée m'ont tellement occupé, que je n'ai pensé « ni à la magnificence extérieure de l'église, ni à « celle des habits sacerdotaux [1]. »

1. Ham., l. 6, ch. 2.

Quand François avait passé à Turin, il avait exposé au duc de Savoie l'état de décadence du collége d'Annecy, livré à des laïques ignorants [1], et le prince l'avait chargé d'offrir cette maison aux Pères Barnabites de Milan. Sur la parole du saint prélat, les bons Pères acceptèrent la direction de cet établissement, et, peu après les y avoir installés, l'évêque constatera que d'un terrain presque en friche [2] ils auront obtenu des fruits abondants pour Annecy et toute la province [3].

A son retour de Milan, François vénéra à Novare le tombeau de saint Bernard de Menthon, une des gloires de son diocèse; puis, arrivé à Turin pour la fête du Saint-Suaire, il prêcha cette cérémonie et fut choisi pour exposer la précieuse relique à la vénération des fidèles. Mais il ne put le faire sans laisser tomber sur le sacré linceul des gouttes de sueur et des larmes d'amour, qui ajoutent encore à la valeur de ce linge déjà si précieux [4].

V.

François de Sales, rendu à son diocèse après une absence de quarante jours, en prit en mains les intérêts, avec ce zèle qu'on puise dans un pèlerinage saintement accompli. On lui amena plusieurs infortunés qu'obsédait le démon : il les guérit par sa seule bénédiction. Le pays de Gex continuait à souffrir

---

1. Œuv. compl., T. VI, 310. — 2. Lett. 12 juin 1614.
3. Lett. du 29 fév. 1616. — 4. Lett. du 4 mai 1614.

d'une politique d'oscillations qui laissait l'hérésie maîtresse de ses anciens cantonnements : il y passa tout le mois de novembre, y rétablit huit nouvelles paroisses, obtint des subsides de Louis XIII, et, quand Mgr Camus partit pour les États généraux de Bourgogne, comme évêque de Belley, il lui dénonça les servitudes gallicanes sous lesquelles l'Église y gémissait [1].

Au milieu de ces occupations si multipliées, il était on ne peut plus fidèle à se rappeler la présence de Dieu. « Combien de temps passez-vous sans penser actuellement à Dieu ?» lui demanda un jour sainte Jeanne de Chantal. « Quelquefois environ un quart d'heure », répondit-il [2].

Aussi le ciel donna-t-il un nouveau témoignage de sa sainteté. Le 8 septembre 1614, pendant qu'il officiait dans l'église collégiale de Notre-Dame-de-Liesse, à Annecy, une colombe d'une blancheur éclatante, entrant par une fenêtre, vint se reposer sur son épaule, puis sur sa poitrine, sans que personne n'osât la chasser ni même la toucher, tant on était persuadé que c'était l'Esprit-Saint qui, sous son emblème favori, venait visiter l'âme du saint prélat [3].

Arrivèrent ensuite à l'évêché d'Annecy d'illustres messagers. C'étaient les ambassadeurs de Mathias Ier, empereur d'Allemagne, qui venaient inviter François de Sales, en qualité de Prince et Souverain de Genève, à la diète de Ratisbonne pour 1615. François

---

1. T. VI, 319. — 2. Dép. sainte Ch., 33. — 3. Ch. Aug. l. 8. 446.

dut s'excuser auprès de son auguste suzerain de ne pouvoir faire ce dispendieux voyage [1].

Mais il put en faire deux autres bien plus chers à son cœur : l'un à Lyon, pour visiter Mgr de Marquemont, cardinal-archevêque de cette ville, qui le fit prêcher et le proclama publiquement l'honneur et la couronne des évêques ; l'autre à Sion, en Valais, pour honorer de sa présence et de son éloquente parole le sacre d'un nouvel évêque, Mgr Hildebrand Josse, heureux de recevoir d'un si grand évêque l'onction sacrée et de sages conseils.

VI.

Qu'on ne s'imagine pas cependant que le plus doux des saints ne sût déployer, au besoin, une invincible énergie. Au commencement de 1615, le duc de Nemours, circonvenu par des calomniateurs, se laissa prévenir contre François et ses deux frères, Bernard et Janus de Sales. L'irritation du prince parut telle que, pour se soustraire à ses regards indignés, l'évêque et ses frères durent se retirer à Thorens. Longtemps le saint prélat y attendit que le duc rendît justice à son innocence. Ce fut en vain. Quand la sainte quarantaine le rappela dans sa ville épiscopale, il rompit enfin le silence, et ce fut pour adresser au nouveau Valens une lettre vraiment digne d'un nouveau Basile, représentant à ce prince, d'ailleurs religieux, com-

1. Œuvr. comp. T. VII, 273.

ment doivent se comporter ceux à qui l'on fait des rapports contre quelqu'un [1]. Cette parole apostolique fit-elle réfléchir le duc de Nemours? Le président Favre, à qui le Saint l'avait communiquée, parla-t-il à ce prince? On l'ignore. Mais toujours est-il que le duc cessa de faire peser sa disgrâce sur les innocents.

François dut, peu après, faire deux nouveaux actes de vigoureuse fermeté : il cita devant le Parlement de Bourgogne les habitants de Seyssel, qui refusaient la dîme au Chapitre de Genève [2]; puis il refusa en présence même du cardinal de Marquemont, alors à Annecy, un bénéfice ecclésiastique à un gentilhomme ignare au point de ne pouvoir traduire ces mots : *Nescitis quid petatis*, vous ne savez ce que vous demandez. Ajoutons qu'injurié par cet insolent jusque dans la chaire épiscopale, il lui obtint une place très-honorable à la cour du duc de Savoie, si bien qu'on disait dans toute la Savoie : Il suffit d'offenser l'évêque de Genève pour en recevoir des bienfaits [3].

VII.

Cette fermeté apostolique avait pour fondement une grande confiance en Dieu. A la suite de la visite que l'archevêque de Lyon avait rendue à François de Sales, la malignité prêta à cette entrevue toute spirituelle des intentions politiques contraires aux intérêts de Charles-Emmanuel I. Ce prince ombrageux

1. Œuvr. comp. T. VII, 264. — 2. T. VII, 257. — 3. Ham.,
1. 6, ch. 4.

fut indisposé contre le saint évêque. François dut protester contre la nouvelle calomnie : il le fit noblement. « Je suis né, nourri et instruit, et tantôt envieilli, dit-il, en une solide fidélité envers notre « Prince souverain… Je suis essentiellement Savoisien et moi et tous les miens, et je ne saurais jamais être autre chose [1]. » Mais quand il eut payé, avec cet accent si patriotique, le tribut qu'il devait à la vérité et à la prudence, il se tint dans une parfaite tranquillité, persuadé que la Providence n'abandonne point ses véritables enfants. Ainsi agissait-il dans toutes les circonstances de ce genre, imitant en cela ces oiseaux de mer dont il aime tant à parler, parce que leurs nids flottent sur les vagues *sans se remplir ni submerger* [2].

VIII.

Toutefois l'affection dominante de son cœur était la charité sans bornes dans laquelle il se faisait tout à tous, selon sa devise chérie. Chaque jour en voyait un nouveau trait. Citons-en quelques-uns entre mille.

Un avocat d'Annecy avait reçu du saint évêque plusieurs services pour l'éducation de son fils. Cet avocat était pénétré de reconnaissance ; mais il ne savait témoigner ses sentiments que par des visites souvent réitérées et qui duraient jusqu'à quatre à cinq heures. Et le bon prélat subissait ces intermina-

1. Lett. du 15 novembre 1615. — 2. Lett. 5 déc. 1608.

bles banalités sans laisser paraître aucune humeur ni aucun ennui.

Même bonté pour ses domestiques. Un soir, bien avant dans la nuit, l'un d'entre eux, se trouvant pris de vin, selon son habitude, frappait bruyamment à la porte de l'évêché. L'évêque, encore sur pied, va ouvrir à ce malheureux garçon, le conduit à sa chambre, le couche comme un enfant, et retourne prier. Quelle confusion pour le coupable quand, le lendemain, il songe à sa faute de la veille ! Alors François le prend à part; mais bientôt il le voit tomber tout en pleurs à ses genoux. L'évêque, désarmé, relève ce pauvre homme, l'embrasse, et, pour toute pénitence, lui dit de mettre pendant quelques jours de l'eau dans son vin. Admirable puissance de la douceur ! le domestique fut si fidèle à cet avis que jamais plus il ne rechuta.

S'agissait-il surtout d'assister les nécessiteux, François de Sales ne reculait devant aucun sacrifice.

La culture du ver à soie était pour ses chers diocésains une source de bien-être, et en même temps un moyen d'éviter le dangereux contact de Genève. Il ne négligea rien, jusqu'à ce que le duc de Savoie eût imprimé à cette industrie un élan puissant et vigoureux par de grandes plantations de mûriers [1].

Ce prince réservait au saint prélat l'abbaye de Ripaille en Chablais : François pressa le souverain de la donner aux Pères Chartreux, ces anges de la solitude.

1. Œuv. compl., T. VI, 364, 418.

Un de ses curés se trouvait dans une extrême indigence. L'évêque, dont la bourse était à sec, prit à son autel deux chandeliers d'argent pour les donner au pauvre prêtre [1].

Un malheureux se présenta chez lui, un jour d'hiver, tout grelottant, faute d'habillements. François, ne trouvant rien dans sa garde-robe, posa sa soutane et lui remit son vêtement de dessous, sans le laisser apercevoir à ses serviteurs [2].

Certain gentilhomme besogneux lui demandant vingt écus à emprunter, le Saint, qui voyait ce qu'en pareil cas veut dire le mot emprunter : « Tenez, dit-
« il à l'emprunteur, voilà dix écus que je vous baille
« en pur don, au lieu de vous en prêter vingt : vous
« gagnez ces dix-là, et moi je tiendrai les dix autres
« pour gagnés, si vous m'exemptez de vous en faire
« un prêt. »

Chose étonnante ! « Il donnait souvent, a dé-
« posé sainte Jeanne de Chantal, de bonnes au-
« mônes à des femmes débauchées pour les retirer du
« péché. Quand quelques-unes retombaient en leur
« malheur, et qu'après elles recouraient à lui, il les
« recevait avec son accoutumée débonnaireté [3]. »

Un avocat d'Annecy, nommé Pillet, forcé par voie judiciaire à reconnaître ses redevances à l'égard de l'Église de Genève, vomissait mille injures contre le saint prélat, coupable d'avoir défendu les droits sacrés de l'autel. Sur ces entrefaites, François le ren-

1. Sainte J.-F. de Chantal. Dép. 27. — 2. Dép. ib. — 3. Ib.

contra dans la rue. « Je veux que vous sachiez, lui
« dit-il, que quand vous m'arracheriez un œil, je
« vous regarderais encore de l'autre avec affection [1]. »
Malgré ces charitables paroles, l'avocat laissa la haine
s'enraciner dans son cœur ; il osa couvrir d'ordures
les letttres monitoriales affichées à la porte de la
cathédrale, tirer des coups de pistolet contre les fenê-
tres de l'évêché, et blesser d'un coup d'épée Jean-
François de Sales, frère du Saint et son vicaire général. « Laissez-moi faire, dit celui-ci à la Mère de
« Chantal indignée ; nous nous vengerons, vous et
« moi ; cet homme a trois filles, nous en recevrons
« une gratuitement dans notre monastère. » Et la
chose fut faite. Mais le Sénat de Chambéry, saisi des
attentats du malheureux avocat, l'avait condamné à
mort. A cette nouvelle, François, désolé, demande la
grâce de son ennemi ; il l'obtient, et la lui porte lui-
même à la prison Ce cœur de bronze reste insensible
jusqu'au bout ; il n'a pas même un mot à dire à son
bienfaiteur ! L'évêque se jette à ses genoux et lui demande pardon de toute offense qui aurait pu lui
échapper à son insu. Hélas ! c'est encore en vain.
Dieu punit tant d'ingratitude en permettant qu'une
fin tragique mît un terme à une vie si coupable.

Un événement important donna au saint évêque
l'occasion de pratiquer en même temps plusieurs des
vertus que nous venons d'admirer. En 1616, le duc
de Nemours, en guerre avec Charles-Emmanuel I,

1. Dép. sainte J.-F. de Chantal, art. 31. Charl.-Aug. 1. 8, 486.

vint assiéger Annecy avec une armée à laquelle se rattachèrent de nombreux soldats hérétiques. On trembla pour les jours de François de Sales, si particulièrement en butte à la haine et aux infernales menaces des huguenots. Chacun de l'engager à s'enfuir ou à se cacher : « Non, mes enfants, dit-il avec sa sé- « rénité habituelle, je ne vous quitterai point, et je « ne me cacherai point. » Et, fidèle au poste que l'É- glise lui avait confié, l'homme de Dieu releva le moral de son peuple en lui « assurant avec une « grande fermeté, selon les paroles de sainte Jeanne « de Chantal, que tout cela se dissiperait en brief [1]. » Cette prophétie ne tarda pas à se réaliser. Les ennemis levèrent le siége au bout de trois jours, et le prince de Piémont, Victor-Amédée, arriva peu après à Annecy, avec des troupes nombreuses, pour prévenir une nouvelle attaque. Ce prince étant descendu droit à la maison de l'évêque, le zélé pasteur lui dénonça des abus que, dans plusieurs monastères, la persuasion ne suffisait pas à détruire ; c'était afin que l'autorité séculière l'aidât à les extirper [2].

IX.

Instruit de toutes ces grandes choses, le Parlement du Dauphiné invita l'évêque de Genève à prêcher à Grenoble l'Avent de 1616 et le Carême de 1617. Fran-

1. Dép. 40. — 2. Œuv. comp. T. VI, 368.

çois accepta, dans l'espérance surtout de ramener quelques hérétiques. Tout ce que la renommée avait fait attendre de lui, il le dépassa au point que Grenoble, insatiable d'une parole si apostolique, voulut à tout prix l'entendre encore pendant l'Avent de 1617 et le Carême de 1618. Le bon Saint ne put refuser. Ouvrier infatigable, il semait la divine parole non-seulement du haut de la chaire, mais dans le cœur de toutes les personnes qui assiégeaient sa porte et surtout son tribunal. La moisson fut en rapport avec le travail. Mais parmi les nombreuses conversions qu'enregistre l'histoire, aucune ne dut être plus chère au saint apôtre que celle du maréchal Lesdiguières, alors commandant les troupes du Dauphiné. Dès sa première entrevue avec François de Sales, Lesdiguières fut ébranlé par tant de vertu et de science. Tout calviniste ardent qu'il eût été, il se sentit subjugué chaque jour davantage. A la vue des dispositions qu'il manifestait en faveur du catholicisme, les ministres, alarmés, s'efforcèrent par tous les moyens possibles de le retenir dans les voies de l'hérésie. Le vieux maréchal les congédia avec sa franchise militaire; et, la grâce gagnant de plus en plus du terrain, à mesure que François travaillait à cette grande œuvre, elle parvint à triompher de celui que Louis XIII avait nommé connétable *pour avoir toujours été vainqueur et n'avoir jamais vaincu* [1]. Lesdiguières, à quatre-vingts ans, abjura à Grenoble même, le 24 juillet 1622.

1. Feller.

X.

Pendant que de grandes joies inondaient en François de Sales le cœur de l'Évêque, de grandes tristesses brisaient celui du frère et de l'ami. Le 27 mai 1617, Bernard de Sales, baron de Thorens, mourut inopinément en Piémont, à la tête du régiment dont il était l'orgueil. Cinq mois plus tard, son épouse, Marie-Aimée de Rabutin, veuve à dix-neuf ans, succomba à sa douleur, après avoir mis au monde un enfant qui n'eut que le temps d'être baptisé. Au lit de la mort elle fit la profession religieuse entre les mains du saint évêque. La Mère de Chantal, anéantie par ces trois coups de foudre, allait elle-même se mettre au lit pour longtemps. François eut beau puiser en Dieu une résignation vraiment admirable, comme le prouvent ses lettres [1], il dut aller auprès de l'évêque de Belley se reposer un peu de ces scènes déchirantes. Il était de retour depuis peu, lorsqu'il perdit le Père dom Simplicien, directeur des Barnabites d'Annecy, et M. de Coëx, « son confesseur, son œil et son bras droit par la science et le zèle [2]. » Cependant la soumission ne lui fit point encore défaut, et il s'appliquait à lui-même cette parole de l'Ecriture [3] : « Pleurez un peu sur les trépassés, mais pourtant tenez Dieu en consolation, puisque notre espérance est vive [4]. »

1. Œuv. comp. T. XI, 25, 29, 35. — 2. Ham., 2, 202. — 3. Eccli, 22, 11. — 4. T. VII, 347.

XI.

Il y avait quinze ans que François n'était point retourné à Paris, malgré les instances des amis et des admirateurs qu'il y avait laissés. Mais le duc de Savoie, désireux d'obtenir pour son fils aîné, Victor-Amédée, la main de la princesse Christine, sœur de Louis XIII, crut devoir l'y envoyer avec le cardinal de Savoie et Antoine Favre, persuadé que l'autorité d'un si éminent prélat assurerait le succès de la négociation.

Arrivé à Paris le 10 novembre 1618, François y fut invité à faire dès le lendemain le panégyrique de saint Martin chez les Pères de l'Oratoire. Il accepta quand même en toute humilité. Le roi, la reine, la reine-mère et les personnages les plus illustres accoururent pour l'entendre ; et la foule fut si compacte, que l'orateur, venu des derniers, dut entrer dans l'église par une fenêtre. Devant cet immense et brillant concours, François chercha-t-il à briller ? Non, il visa à s'effacer. Lui qui connaissait si bien les ressources de l'art oratoire, il se borna à raconter simplement la vie du Saint qu'on fêtait. Les gens superficiels le blâmèrent dédaigneusement ; les autres admirèrent tant d'humilité.

Aussi, quand le saint évêque prêcha l'Avent à Saint-André-des-Arts, les prélats eux-mêmes avaient peine à trouver place au pied de la chaire. Il dut donner dans la même église la station du carême. Il devint bientôt l'âme de toutes les fêtes : pendant l'année

qu'il passa à Paris, il prêcha trois cent soixante-cinq
fois [1], et cela au milieu d'une affluence toujours plus
considérable. L'humble prélat s'étonnait de ce concours qui allait sans cesse croissant. « Mais, lui disait-
« on, il y a dans vos discours je ne sais quoi d'ex--
« traordinaire : tout porte coup... Vous avez une cer-
« taine rhétorique d'Annecy, ou plutôt du paradis,
« qui produit des effets admirables. » Peut-être aussi
trouvons-nous le secret de cet immense succès dans
ces paroles qu'il écrivait à sainte J. de Chantal : « Je
« prêche ici devant ces princes et ces princesses; mais
« je vous assure que ce n'est point mieux ni de meilleur
« cœur que je ne prêchais à notre petite église de la Visi-
« tation [2]. » Au reste, le bon Saint ne savait rien refuser ;
dans son zèle dévorant, il préférait prêcher jusqu'à trois
fois dans un jour que de dire une seule fois « nenni. »
Au jugement du P. Binet, dit la Mère de Chaugy,
*cette condescendance était plus estimable que dix-huit
miracles* [3].

Le temps qu'il ne passait pas en chaire, au tribunal et à l'autel, où on aimait tant à le voir pontifier,
François le consacrait à tous ceux qui recouraient à
lui, petits et grands. Tantôt c'était un calviniste dont
il dissipait les ténèbres, comme le gouverneur de la
Fère en Picardie, un athée dont il ouvrait l'esprit et le
cœur à la vérité, un grand coupable sur l'âme duquel il
faisait tomber un rayon d'espérance [4]. Tantôt c'étaient
de saints personnages dont il enflammait la piété. Ainsi,

1. Charl.-Aug., l. 9, 522. — 2. Dép., art. 32. — 3. Ch. 32. —
4. Charl.-Aug., l. 9, 519.

il détermina le P. Suffren, Jésuite et confesseur du roi et de la reine, à composer *l'Année Chrétienne*, réalisation de ce *Calendrier spirituel* que notre Saint rêvait depuis longtemps [1]. Après avoir conféré neuf heures environ avec le Saint sur la direction des âmes, ce religieux éminent a dit avoir plus appris pendant ces neuf heures qu'il n'avait fait de toute sa vie [2]. Il seconda le Père Bourdoise dans la fondation de Saint-Nicolas du Chardonnet et dans ses travaux pour la réforme du clergé, encore dépourvu de séminaires ; il se lia surtout avec Vincent de Paul, *le plus digne prêtre qu'il connût*, et le choisit entre mille comme directeur des Filles de la Visitation.

Tantôt enfin il cultivait l'âme des dames pieuses de la capitale. « Le sexe infirme, disait-il, est digne de « grande compassion; c'est pourquoi il en faut avoir « plus de soin que du fort. Notre-Seigneur ne lui a pas « dénié son assistance... et l'Eglise qui l'appelle le sexe « dévot ne l'a pas en si basse estime [3]. » François savait au reste si bien envelopper les leçons qu'il adressait ! Un jour que certaines dames, impatientes de lui exposer leurs difficultés, voulaient le faire toutes à la fois : « Mesdames, leur dit-il en souriant, je répondrai « à toutes vos questions, pourvu qu'il vous plaise de « répondre à la mienne : supposons une assemblée où « tout le monde parle et où personne n'écoute, qu'est

1. T. IX, 385. — 2. Dép. sainte J.-F. de Chantal, art. 40. — 3. Esprit de saint François de Sales, p. 10, sect. 14.

« ce qu'on y dit [1]? Et reprenant leurs questions une à une, il répondit avec sa sagesse ordinaire.

Le 1er mai 1619, il présida avec la Mère de Chantal à la fondation du couvent des Visitandines, et dès lors il dirigea l'illustre fondatrice dans cette œuvre difficile, ainsi que dans une retraite où la sainte fut appelée à une perfection qu'elle n'avait jamais connue [2].

De toutes les religieuses de Paris, aucune n'occupa le saint évêque plus que la Mère Angélique Arnaud, si célèbre, hélas ! dans l'histoire du jansénisme. Abbesse de Port-Royal, à 14 ans, cette femme d'une mâle vigueur avait, à 17 ans, ravivé dans son abbaye l'esprit de saint Benoît, et, laissant cette maison sous la direction de sa sœur Agnès, elle venait de mettre la main à 28 ans, à la réforme du monastère de Maubuisson. Avide de sacrifices, mais impatiente et altière, cette âme d'élite avait besoin d'un directeur qui la dominât. Elle tomba sous le charme de François de Sales, subjuguée, chose curieuse, par sa fermeté. Le Saint l'entendit; il passa jusqu'à neuf jours de suite à Maubuisson, et, après l'avoir interrogée, il entama avec elle une correspondance d'un prix infini, à en juger par les fragments qui en sont édités [3], et il opéra dans elle toute une révolution. Eprise de sainte Chantal, la Mère Agnès voulut déposer la crosse d'abbesse pour se faire simple novice visitandine. Qu'est-ce que François avait découvert dans cette âme d'ail-

1. *Esprit du B. François de Sales*, p. 3, sect. 13. — 2. Œuv. compl., T. XI, 105, 109, 111. — 3. Ib. T. XI, 97, 129, 134, 135, 163, 165.

leurs généreuse ? Le fait est qu'il *gauchit tant qu'il put*[1], mais en écartant la demande de l'abbesse. Par un phénomène remarquable dans l'histoire des vocations religieuses, la vénérable Mère de Chantal se déclara pour l'admission de Madame de Port-Royal[2]. François renvoya l'affaire à Rome, mais dans l'espérance d'un refus[3], et, en attendant, il dit à la Mère Agnès : « Dieu m'a fait connaître que votre maison perdra la foi. Le seul moyen de la conserver, c'est l'obéissance au Saint-Siége. » Peu après, l'abbesse de Port-Royal tomba entre les mains de l'abbé de Saint-Cyran qui, excitant en elle la fièvre des pénitences corporelles, au lieu d'y cultiver l'obéissance à l'Église, en fit une janséniste, le type de ces vierges déchues *pures comme des anges. mais orgueilleuses comme des démons*. Quel problème est donc parfois l'examen des vocations religieuses, quand un François de Sales et une Jeanne de Chantal, avec toutes leurs lumières, ne s'accordent pas à y discerner la volonté de Dieu ?

Au milieu de toutes ces grandes œuvres et de la vénération dont il était l'objet, François ne faisait qu'avancer dans l'humilité et le détachement. Il allait presque toujours à pied, ne prenant de carrosse que quand l'étiquette l'exigeait. Le cardinal de Retz, archevêque de Paris, lui offrit la coadjutorerie de ce grand siége avec future succession ; il préféra sa pauvre église de Genève[4]. Louis XIII voulait qu'il ac-

---

1. Œuv. compl., T. XI, 305. — 2. T. XI, 303. — 3. T. XI, 248, 305. — 4. De Maupas, p. 5, ch. 7.

ceptât au moins la riche abbaye de Saint-Denis. Il le
remercia. En effet, dit la Mère de Chaugy, le Bienheureux « avait un tel mépris et de l'or et de l'argent,
« qu'il négligeait d'en connaître les espèces, ne s'é-
« tant jamais amusé à discerner une pistole d'avec
« un écu d'or, ni un teston d'avec un quart d'écu. Il
« avait accoutumé de dire que celui qui est content
« de ce qu'il a, est le plus riche de tous les hommes ;
« que pour lui, sa fortune se faisait dans le royaume
« de la charité et de l'amour divin [1]. »

L'alliance entre Victor-Amédée et la princesse
Christine une fois conclue et célébrée, grâce à son intervention personnelle, cette princesse le choisit pour
son grand aumônier. Il n'accepta, malgré les instances
qu'on fit, qu'à deux conditions : la première, que
cette charge ne préjudicierait en rien à ses devoirs
épiscopaux, notamment à celui de la résidence ; la
seconde, qu'il ne recevrait aucun traitement. Quand
cette princesse lui offrit un magnifique diamant de
cinq cents écus : « Voilà, dit-il, qui sera fort bon pour
nos pauvres d'Annecy [2] ! » François quitta Paris le 23
septembre 1619, les larmes aux yeux et laissant les
cœurs inconsolables, pour regagner ses chères montagnes de la Savoie, par Bourges, Lyon et Grenoble, où
il laissa d'impérissables souvenirs.

XII.

Quelle joie pour le grand évêque de revoir sa bonne

1. Ch. 60, sect. 14. — De la Rivière, c. 30. — 2. Charl.-Aug.
l. 9, 524.

ville d'Annecy après une année d'absence ! Il se hâta d'en secourir les habitants, éprouvés par une famine. Il consacra à sa cathédrale tous les revenus de son évêché pendant son séjour à Paris. « Je n'en puis rien recevoir, dit-il, je ne les ai pas gagnés[1]. »

Quoiqu'il eût dû envoyer à Turin, comme premier aumônier de la princesse Christine, son frère Jean-François, son vicaire général, il expliqua tous les dimanches, dans sa cathédrale, les commandements de Dieu, depuis le premier dimanche de l'Avent jusqu'à Pâques 1620. Un jour qu'il terminait son instruction, son peuple vit autour de lui une auréole si éclatante qu'à peine put-il le distinguer dans ce cercle lumineux[2]. Revenant quelque temps après de Thonon où il avait confirmé plus de cinq cents personnes, il guérit à Proméry, près de Pringy, un fou furieux, qui ne se ressentit plus jamais de sa frénésie[3]. Ce miracle fut suivi de plusieurs autres[4]. Ce fut alors que, pour rétablir l'ermitage des Voirons dans sa primitive splendeur, il donna aux ermites des Constitutions[5], qui furent lues au synode de 1620[6], et qui firent de ces pieux anachorètes une véritable Congrégation.

XIII.

La même année apporta au saint évêque deux joies bien douces à son cœur. La première fut l'entrée dans

---

1. De la Riv. l. 4, c. 33.— 2. Charl.-Aug., p. 543. — 3. Ib. 544. — 4. Ib. 544, 546. — 5. Œuvr. comp. T. VI, 448. — 6. Ch.-Aug. 543.

l'état ecclésiastique de son neveū Charles-Auguste de Sales. Fils de Louis de Sales, béni par François dans le sein de sa mère, Charles-Auguste, né en 1606, avait appris, à huit ans, presque toute l'*Introduction à la vie dévote,* et prononcé, à quatorze ans, une harangue publique qui surpassa encore les espérances de son oncle. En donnant la tonsure à ce cher neveu, François ouvrait la porte du sanctuaire à celui qui devait être un de ses plus dignes successeurs sur le trône épiscopal et l'un de ses meilleurs biographes.

Mais ce qui ne fut pas moins agréable au saint prélat, ce fut la nomination de son frère Jean-François à la coadjutorerie de Genève, avec future succession et le titre d'évêque de Chalcédoine *in partibus.* François n'avait, il est vrai, que cinquante-trois ans, et sa forte constitution semblait lui promettre encore de longues années de vie ; mais sa vie si austère et ses immenses travaux l'avaient épuisé avant le temps, et des infirmités précoces lui annonçaient comme prochain le terme de son pèlerinage. Aussi accueillit-il cette nomination avec le plus grand bonheur, et, quand le nouvel évêque vint le voir à Annecy, lui donna-t-il partout la première place [1], en disant à ceux qui s'en étonnaient : « Il faut que mon frère devienne grand et que je devienne petit : *Oportet illum crescere, me autem minui* ».

En alourdissant ses pas, les infirmités n'éteignaient point toutefois les ardeurs de son zèle. Un de ses

----

1. De Maupas, p. 5, c. 8 et 9.

amis ayant apostasié et passé en Angleterre, il en versa des larmes de sang dans une lettre à l'évêque de Chalcédoine. Pour lui, « se séparer de l'Église, c'est « se séparer de Dieu [1]. » Puis, parlant de l'Angleterre : « J'ai, dit-il, une inclination particulière à cette grande « île et à son roi, et en recommande instamment la « conversion à la divine Majesté, mais avec confiance « que je serai exaucé avec tant d'âmes qui soupirent « pour cet effet [2]. » N'assistons-nous point à la réalisation de ces paroles prophétiques ?

XIV.

Quoi qu'il en soit, l'homme de Dieu tourna ses efforts vers la réforme de deux abbayes qui n'étaient point encore complétement entrées dans les voies de la perfection religieuse. Il alla visiter celle de Sixt, et lui donna des règles qui couronnèrent les Constitutions tracées en 1604 [3]. Son séjour dans ce monastère y attira la visite de deux cent quarante personnes auxquelles les bons religieux s'empressèrent de donner une large hospitalité. Dieu voulut, grâce aux prières de François, que leurs provisions de bouche, loin d'être diminuées, restassent plus considérables que s'ils n'eussent été chargés d'aucun étranger [4]. Le Saint revint ensuite jusqu'à deux fois sur le théâtre

1. Œuv. comp. T. IX, 538. — 2. Lett. 21 nov. 1620.— 3. Œuv. compl. T. VI, 434. — 4. Charl.-Aug., 1. 9. 517.

de ce miracle, pour y achever son œuvre et y assister l'Abbé dans ses derniers moments.

Mais sa principale préoccupation fut la réforme de l'abbaye de Sainte-Catherine, monastère cistercien du XIIIᵉ siècle, situé sur une montagne voisine d'Annecy. Les religieuses qui l'habitaient étaient bien convenables et irréprochables selon le monde ; mais la plupart s'affranchissaient des observances régulières, elles négligeaient ces grandes vertus qui avaient parfumé leur maison, et la clôture elle-même n'était point observée. Depuis longtemps saint François soupirait après leur réforme : il avait même fait des démarches à cet effet, en 1616, auprès de Victor-Amédée I [1]. La chose n'était point facile : il s'agissait de déplacer le couvent et de l'établir dans la ville, pour rendre faciles la clôture et les secours religieux ; mais ce déplacement nécessitait de longues négociations près la Cour de Rome et celle de Turin. François écrivit plus de cent lettres à ce sujet, dit M. Hamon [2]. En attendant un meilleur résultat, il essaya de la réforme sur place. Sa parole eut peu d'écho. Elle trouva cependant cinq âmes dociles et généreuses, dont la principale était Sœur Louise Perrucard de Ballon. François les autorisa et les engagea, par lettre du 10 août 1622, à quitter la maison réfractaire pour fonder un monastère réformé dans la petite ville de Rumilly. L'émigration s'accomplit. François visita ces saintes religieuses à Rumilly, et leur donna, avec le nom bien mérité de Bernardines,

1. Œuv. du Saint, T. VI, 368. — 2. Ham., 2, 260.

des Constitutions qu'approuva Grégoire XV et qui ont valu à leur auteur le titre de « Réformateur, Restaurateur, Directeur et presque Instituteur des Bernardines[1]. » Dieu bénit cette œuvre : de la maison-mère de Rumilly naquirent bientôt deux filles dignes de leur origine : les maisons de La Roche et de Seyssel[2].

<h2 style="text-align:center">XV.</h2>

A partir de cette époque, Dieu avertit son serviteur de l'approche de sa mort. François se prépara de mieux en mieux au départ. Mais le poids de l'exil lui devint toujûurs plus lourd; et de la douce mélancolie qui régnait dans son âme, il se répandit sur ses derniers jours je ne sais quel reflet de lumière céleste, qui les enveloppe d'une teinte plus chaude, pour en augmenter encore la grandeur et la beauté.

Ce n'est pas cependant qu'il ne roulât encore dans son esprit de vastes projets pour la gloire de Dieu. Aussi, lorsqu'à la fin de novembre 1621 il alla à Talloires, avec l'évêque de Chalcédoine, pour transférer les reliques de saint Germain dans l'église de l'ermitage sanctifié par ce pieux solitaire, il forma le projet de se retirer dans cette solitude d'où l'on domine si bien le lac et la ville d'Annecy. « Quel site délicieux ! « s'écria-t-il. Résolûment il faut laisser à notre coad- « juteur le poids du jour et de la chaleur, pendant « qu'avec notre chapelet et notre plume nous y ser-

1. Charl.-Aug., 1, 9, 503. — 2. Ib.

« virons Dieu et son Église ; et savez-vous, Père
« Prieur, dit-il au P. de Coëx, prieur de l'abbaye de
« Talloires, les conceptions nous viendront en tête
« aussi dru et menu que les neiges y tombent en hi-
« ver [1]. » Là, le Saint voulait veiller à l'éducation de
son neveu Charles-Auguste et surtout faire de grands
travaux sur l'Évangile, les Actes des Apôtres et les
Épîtres de saint Paul. « Car, disait-il, pour occuper
« l'activité de son esprit, il faut se proposer plus de tra-
« vail qu'on en saurait faire, comme si l'on avait
« longtemps à vivre, et ne pas tenir à en faire plus
« que si l'on devait mourir le lendemain [2]. »

La pierre, en tombant, parcourt les espaces avec
une rapidité toujours croissante. A mesure qu'il sen-
tait les glaces d'une vieillesse prématurée, François,
loin de laisser son cœur se refroidir, brûlait de flammes
toujours plus vives et plus ardentes. Il souffrait de
cruelles douleurs de tête, de poitrine, de reins et d'estomac ; ses jambes surtout étaient enflées, entamées
et couvertes de plaies ; il faisait mal à voir, malgré
l'inaltérable sérénité de son visage [3]. N'importe : bien
que ses habits de dessous fussent presque tout dé-
chirés, il n'en voulut point de neufs pour l'hiver
de 1622, cela afin de secourir un plus grand nombre de
malheureux [4].

Grégoire XV l'ayant prié de présider en son nom le
Chapitre général des Feuillants, à Pignerol, il partit, à

1. Maupas', l. 5, c. 8. Charl.-Aug., l. 9, 552. — 2. Ham., l. 6,
ch. 10. — 3. Charl.-Aug., l. 9, 553. — 4. Ib.

la fin de mai 1622, pour ce lointain voyage : il réussit, à force de travail, de sagesse et de fermeté, à résoudre, à la satisfaction de tous, les délicates questions qu'on lui soumit; il se fit même l'apôtre de tout Pignerol, et avec un tel dévouement qu'on craignit un instant pour sa vie [1]. De là il passa à Turin, où l'appelaient les vœux de la Cour. Il fut assez condescendant pour y séjourner trois mois; mais, à la place du splendide appartement que la princesse de Piémont lui avait fait préparer, il choisit chez les Feuillants une cellule de huit à neuf pieds carrés. On le pressa d'accepter l'archevêché, alors vacant, de cette capitale : il ne voulut d'autre part que celle du travail ; et, s'il reçut un riche diamant des mains de la princesse Christine, ce fut pour l'engager chez un orfévre en faveur des pauvres d'Annecy, qui seuls en bénéficièrent [2].

Citons ici le dernier miracle que François fit, de son vivant, dans sa ville épiscopale. C'était le dimanche 9 octobre. Le Saint venait de visiter les malades du faubourg de Bœuf. Arrivé sous les portiques de Notre-Dame, il rencontra la femme du notaire Decroux portant dans ses bras une petite fille malade. « De quelle maladie souffre votre enfant? demande-« t-il à la mère. » — « Hélas ! Monseigneur, voilà « trois mois que chaque jour elle a de violents accès « de fièvre. » François touche doucement l'enfant à la joue, et la bénit en lui disant : « Dieu vous gué-« risse, ma fille ». Aussitôt l'enfant fut guérie, à la vue de tous ceux qui suivaient le saint évêque [3].

1. Ch.-Aug., l. 10, 555. — 2. Ib. l. 10, 558. — 3. Ib., 560.

XVI.

Sur ces entrefaites, Charles-Emmanuel I et la princesse Christine mandèrent François à Avignon, où ils devaient venir saluer Louis XIII à son retour du Languedoc. François prévit que ce voyage lui coûterait la vie; mais peu lui importait de mourir hors de son pays, pourvu qu'il fût à l'œuvre de Dieu. Il fit donc son testament [1], sa revue de conscience et ses derniers adieux, surtout à son Coadjuteur, à son Chapitre et à ses Filles, et quitta Annecy, le 9 novembre, pour ne plus le revoir que du ciel. Il salua sur son passage les Visitations de Belley, de Lyon et de Valence. Son entrée à Avignon fut un véritable triomphe, bien qu'il y arrivât sans appareil et par une pluie battante. « Ah ! mon Dieu, s'écriait-il au milieu « des ovations populaires, ce n'est pas à nous, c'est « à vous seul que toute gloire appartient ! » Tant que dura son séjour, il ne s'occupa que d'œuvres de piété ; et le jour même où Louis XIII entra dans la ville avec les reines Marie de Médicis et Anne d'Autriche, seul, à genoux dans sa chambre, le saint prélat continua de converser avec Dieu, sans jeter un regard sur le cortége qui passait sous sa fenêtre [2].

1. Charl.-Aug., 560. Maup. p. 5. c. 9, Dans ce testament, le Saint régla que son corps devrait être sépulturé dans sa cathédrale, à Genève, si, lors de son décès, Genève était redevenue catholique. Il ajouta que, dans le cas contraire, il voulait que ses restes reposassent dans l'église de la Visitation d'Annecy. — 2. Ham., l. 6, l. 11.

« Oh ! disait-il, que j'aime mieux une grande heure
« d'entretien spirituel avec une bonne âme, que la
« vue de toutes les curiosités de la terre ! » Mais,
quel que fût son dégoût des vanités terrestres, il n'en
suivit pas moins les deux Cours de France et de
Savoie, quand, le 25 novembre, elles partirent ensemble pour Lyon.

Arrivé dans cette ville qui devait être son dernier
séjour ici-bas, le Saint refusa les offres de logement
que lui firent M. Olier, intendant du Lyonnais, et les
Pères Jésuites, et il se choisit, dans la maison du jar-
dinier de la Visitation, une petite chambre exposée à
tous les vents, avec une cheminée qui fumait beaucoup et chauffait peu. « Je ne suis jamais mieux,
« disait-il, que quand je ne suis guère bien [1]. » Grâce
à cet humble logement, il put se dévouer jusqu'au
bout à ses chères filles de la Visitation. Celles-ci
accueillaient ses avis comme des paroles tombées du
ciel. « Mon père, lui dirent-elles un jour, écrivez-nous
« sur ce papier ce que vous désirez le plus de nous. »
Et il écrivit aussitôt, avec beaucoup d'attention, ce seul
mot : *Humilité* [2] !

La Mère de Chantal, alors en visite de ses divers
monastères, arriva à Lyon quelques jours avant la
mort du Saint, heureuse de conférer une dernière fois
avec lui de son intérieur et de leur Institut. Il y avait
trois ans et demi qu'elle ne l'avait pas vu : elle trouva

1. Dép. sainte Chant., art. 30. — 2. Ibid.

son âme toute transformée en Dieu et son visage tout resplendissant d'un éclat inaccoutumé, reflet du feu sacré qui le consumait. Dans son ardeur, la Sainte témoigna un peu d'empressement à ouvrir son âme à ce grand directeur. « Eh quoi ! ma Mère, reprit le bienheureux avec gravité, avez-vous encore des dé- sirs empressés ? Je croyais vous trouver tout angéli- que [1]. » Puis, sachant bien cependant que Dieu dirigeait lui-même cette âme héroïque, il l'entretint uniquement, mais durant quatre heures, de sa chère Visitation. Il insista surtout sur la pensée que cet Ordre restât sous la dirction immédiate du Pape et des évêques, plutôt que sous un Général ou une Géné- rale : « Voyez-vous, ajouta-t-il, nos filles, ce sont les filles du clergé [2]. » La Sainte eût aimé à prolonger encore son séjour à Lyon ; mais le Bienheureux lui dit de continuer ses visites, et elle le quitta le 12 décembre, pour ne le revoir qu'au ciel.

Le serviteur de Dieu continuait, d'ailleurs, de se faire tout à tous. Si onéreuses que lui fussent les visites à la Cour, il ne manquait aucune de celles que lui commandaient les convenances. Il prêchait très-souvent en ville, et, malgré le mauvais état de ses jambes toujours plus endolories, il n'allait jamais qu'à pied, même dans les églises éloignées. Ses rapports avec les grands ne lui faisaient point oublier les petits et les pauvres : il demandait pour eux aux seigneurs et aux dames de la Cour. On venait en foule

1. Mémoir. Mére de Chaugy, 2e p. 14 ch. — 2. Ib.

le consulter comme un oracle : il accueillait tout le monde avec une bonté toujours nouvelle ; et, Dieu soulevant à ses yeux les voiles de l'avenir, il prédit plusieurs vocations religieuses, entre autres celle d'un enfant qui devint plus tard M. Olier, une des gloires de l'Église de France. Aussi le vénérait-on déjà comme un saint, et son valet de chambre lui-même conservait-il depuis longte nps, comme autant de reliques, ses cheveux et les objets qui lui avaient servi.

XVII.

« J'ai sacrifié ma vie et mon âme à Dieu et à son Église, avait-il dit depuis longtemps; qu'importe que je m'incommode, pourvu que j'accommode quelque chose au salut des âmes [1] ? » Mais ses forces trahissaient de plus en plus son zèle, et l'heure approchait où Dieu allait enfin l'admettre à ses saints embrassements. Le jour de Noël, il dit la messe de minuit à la Visitation, y prêcha avec une ferveur séraphique, célébra au point du jour chez les Dominicains, devant le prince et la princesse de Piémont qu'il avait confessés, et ne monta à l'autel pour la troisième fois que vers le midi, après avoir entendu à genoux les trois messes de l'aumônier de la Visitation. Après le dîner, il prêcha encore deux fois, et alla dire adieu à la reine Marie de Médicis qui partait le lendemain.

Le jour de saint Etienne, après toute une journée

1. Lettre du 3 avril 1611.

de fatigues, il adressa à ses Filles un entretien spirituel de deux heures : c'étaient, hélas! les derniers
accents d'une voix qui avait annoncé plus de *quatre
mille fois* la parole de Dieu [1]. Ne rien désirer et ne
rien refuser, telles furent ses dernières recomman-
dations.

Le lendemain, 27 décembre, il aperçut, en se
levant, que sa vue s'était fort affaiblie. C'étaient les
symptômes de la mort. Il se confessa, célébra le saint
sacrifice, s'entretint avec le gouverneur de Bourgogne et celui de Lyon, vit le duc de Nemours et le
prince de Piémont, fit quelques lettres, et reçut des
visites. Mais, à deux heures après midi, survint une
défaillance, puis une apoplexie qui lui ôta tout mouvement. On prit tous les moyens possibles pour l'empêcher de s'assoupir; et, en effet, il recouvra même la
parole, ce qui lui permit de se confesser encore et
d'édifier jusqu'au bout les assistants par des paroles
pleines de résignation. « Ne craignez-vous point la
« mort? » lui demanda le grand vicaire, en lui rap-
pelant la parole de l'Écriture : O mort ! que ton souvenir est amer ! — « *Homini pacem habenti in sub-
stantiis suis* [2], » répondit-il, c'est-à-dire : pour l'homme
qui repose son cœur dans ses richesses, disant ainsi
que, n'ayant aucune attache au monde, la mort n'a-
vait pour lui aucune amertume.

Le 28, à une heure du matin, il reçut l'extrême-
onction, pendant laquelle il répondit à toutes les

----

1. Charles-Aug. l. 10, 567. — 2. De la Rivière. l. 4, c. 59.

prières. Peu après, le duc de Nemours, quoique alité, vint lui demander sa bénédiction pour lui et son fils: il souleva son bras déjà engourdi, et la leur donna. Le Père Forrier, son ancien directeur, lui suggéra de dire à Dieu, comme saint Martin : Seigneur, si je suis encore nécessaire à votre peuple, je ne refuse point le travail. « Moi, nécessaire, » reprit-il avec force; « non, « non ! Je suis un serviteur inutile, inutile, inutile [1] ! » Aussitôt qu'il reprenait ses sens, c'était pour prier avec la ferveur des anges : il aimait à répéter le *Miserere* ; il récita le *Te Deum* tout entier.

Un assoupissement mortel le gagnait toujours davantage. Pour combattre le mal, les médecins lui appliquèrent un emplâtre de cantharides sur la tête, puis et à deux reprises un bouton rougi sur la nuque, enfin un fer brûlant sur le crâne, remèdes extrêmes, plutôt capables d'appeler la mort que de la chasser.

Le saint malade versa force larmes, mais sans laisser échapper aucune parole que les noms de Jésus et de Marie. Comme on lui demandait s'il voulait laisser orphelines ses filles de la Visitation, il répéta de suite huit ou dix fois, en latin : « Celui qui a com- « mencé l'œuvre l'achèvera [2] ». Mais cette céleste agonie touchait à sa fin. Alors les assistants, à genoux, récitèrent les prières de la recommandation de l'âme, et, à 8 heures du soir, au moment où, pour la troisième fois, on dit l'invocation : *Omnes sancti Innocentes, orate pro eo*, le Saint rendit le dernier soupir,

---

1. M. de Chaugy, c. 36. — 2. Dép. sainte Ch., art. 52.

et son âme alla joindre l'heureuse troupe qui suit l'Agneau, quelque part qu'il aille.

Ainsi mourut, à cinquante-six ans, saint François de Sales, ce modèle de la jeunesse, cet apôtre infatigable à qui l'on attribue la conversion de soixante-douze mille hérétiques, l'évêque accompli dont les plus grands prélats ont aimé à suivre les traces, le fondateur d'un Ordre illustre, l'inspirateur de Congrégations si populaires, le restaurateur de tant d'autres Instituts, l'instituteur de nos premières associations savantes et industrielles, ce père de l'éloquence sacrée, cet écrivain si distingué, le Docteur de la piété, le miroir et la personnification de la douceur et de la charité, ce thaumaturge déjà célèbre de son vivant, cette image de Jésus-Christ parfaite jusqu'à l'idéal. A la nouvelle de son trépas, Victor-Amédée s'écria : « *Le plus grand homme du siècle, en esprit et* « *en sainteté, est mort*[1] ! »

1. De Baudry, Hist. de la canon., de S. François de Sales. sect. 5.

CHAPITRE VIII.

CULTE DE SAINT FRANÇOIS DE SALES DEPUIS SA MORT JUSQU'A NOS JOURS.

I. La mort de saint François de Sales est annoncée miraculeusement. — II. Son corps est embaumé. — III. On se dispute ses reliques. — IV. Son retour triomphal et ses funérailles à Annecy. — V. On introduit la cause de sa béatification. — VI. Première période du procès. — VII. Portrait des vertus de saint François tracé par la Mère de Chantal. — VIII. Deuxième période du procès de sa beatification. — IX. Glorieuse conclusion de ce procès et fêtes de la béatification. — X. Canonisation de saint François de Sales. — XI. Saint François préside, du haut du ciel, à l'établissement de la dévotion au Sacré-Cœur. — XII. Dieu préserve sa mémoire des injures du temps et ses Reliques de celles de la Révolution. — XIII. Saint François patron des œuvres et des écrivains catholiques des temps présents. — XIV. Saint François de Sales proclamé Docteur de l'Église.

1.

Aussitôt que saint François de Sales eut quitté ce monde périssable, Dieu se plut à révéler la gloire de son serviteur. Cette mort fut miraculeusement annoncée. La Mère de Chantal, alors en visite à Grenoble, entendit une voix lui dire très-distinctement : Il n'est plus [1] ! François lui-même se montra à son frère Louis et à son cher neveu Charles-Auguste, soudain guéri

1. Bougaud, 2, 110.

d'une dangereuse maladie [1] ; à la vénérable Anne-Jacqueline Coste, tourière du monastère d'Annecy, à qui une voix claire et douce dit ces paroles : « Nous emmenons l'âme de ton bienheureux Père : gloire à Dieu » ; puis au Père de Coëx, prieur du monastère de Talloires, qui, célébrant alors devant la châsse de saint Germain, vit notre Saint brillant comme un soleil et revêtu d'ornements pontificaux étincelants de pierreries [2] ; enfin, à plusieurs autres personnages cités par Charles-Auguste de Sales lui-même [3].

II.

Cependant la nouvelle de sa mort retentit dans Lyon comme un coup de foudre ; et, tous n'ayant qu'une voix pour proclamer la sainteté du défunt, la foule envahit sa *pauvre logette*, afin de faire toucher à ses restes précieux des chapelets, des médailles et d'autres objets de piété. M. Olier, intendant de Lyon, le fit embaumer. Ce qui frappa beaucoup, ce fut de trouver son foie complétement desséché, pétrifié, et divisé en trois cents pierres, de la grosseur d'un pois chiche, de formes et de couleurs différentes : phénomène que les médecins attribuèrent aux violences qu'il s'était faites pour dompter l'irascibilité naturelle de son caractère [4].

1. Pérennès, 1. 7. — 2. Ib. — 3. Ch.-Aug., 1. 10 , 581. Bougaud, 2, 260. — 4. Ch.-Aug., p. 579.

III.

Aussi, avec quelle avidité on recueillit ses reliques !
De tout le sang que l'opération fit couler, il ne se
perdit pas une goutte : il y en eut qui remportèrent
vingt et trente mouchoirs teints de ce sang, et nombre
de malades devaient être guéris par l'application de
ces linges [1]. Victor-Amédée et Christine de France
héritèrent de sa croix et de son anneau. Marie de Médicis et Anne d'Autriche, reines de France, s'esti-
mèrent heureuses de pouvoir faire enchâsser deux
des plus grosses pierres de son fiel [2]. Son cœur,
ainsi que ses entrailles et une partie de son foie, resta
comme une consolation suprême aux Visitandines de
Lyon ; Louis XIII, guéri en 1630 par l'attouchement
de ce cœur, le fit enfermer dans un beau reliquaire
en or [3].

IV.

Quand François eut été embaumé et revêtu d'habits
pontificaux, on lui rendit les honneurs funèbres, le
30 décembre, dans l'église de la Visitation. Le lendemain, son fidèle Rolland et les autres personnes
de sa suite placèrent le corps sur un brancard
pour le faire transporter à Annecy, où il devait
être enterré. Mais Lyon ne pouvait se résoudre à se

1. Ch.-Aug., 579. — 2. Pérennès. — 3. Ch.-Aug., p. 579.

dessaisir d'un trésor si précieux ; et, au moment où la litière allait partir, force fut aux compagnons du Saint de le mettre en dépôt dans le chœur des Visitandines jusqu'à l'ouverture de son testament. Le délai ne fut pas long. Arrivé seul à Annecy, Rolland trouva cette ville toute en pleurs; mais, grâce à l'énergie de la Mère de Chantal [1], grâce aux réclamations qu'Annecy adressa par Victor-Amédée à Louis XIII, au nom du testament de l'illustre défunt [2], les Lyonnais durent laisser partir la précieuse dépouille dont ils prétendaient rester à jamais dépositaires. Parti de Lyon le 18 janvier 1623, le cortége funèbre fut accueilli partout avec les plus touchants témoignages de douleur et de vénération. Sa marche fut un vrai triomphe ; et quand il arriva à Annecy, le 22, ce ne furent dans toute la ville que pleurs et sanglots. Le 24, Mgr Jean-François de Sales rendit à son auguste frère les honneurs des funérailles, dans sa cathédrale magnifiquement parée ; puis il transporta solennellement ses restes sacrés dans l'église du premier monastère de la Visitation, comme le Saint l'avait demandé dans son testament, au cas où, lors de son trépas, la religion catholique ne serait pas rétablie à Genève [3]. Heureuse pensée qui mit à la fois les Filles sous la garde du Père et le Père sous celle de ses Filles !

V.

Aux cris de douleur qui s'élevèrent de toutes parts

1. Lettre du 7 janvier 1623. — 2. Ch.-Aug. 586. — 3. Ib., 592.

à la mort de l'évêque de Genève, succédèrent bientôt
des chants de triomphe. François ne faisait que de
mourir, et partout on obtenait des miracles par son
intercession ! Tels furent, pour n'en citer que deux
parmi ceux qu'enregistre la bulle de sa canonisation,
tels furent la résurrection de Françoise de la Pesse,
enfant de neuf ans, noyée à vingt pieds de profondeur dans la rivière du Thioux, à Annecy, et celle de
Jérôme Genin, jeune homme de quinze ans, noyé
dans le Fier, près du village d'Onay, commune de
Villaz[1]. Deux ans ne s'étaient pas encore écoulés depuis sa mort, que l'on comptait autour de son tombeau quarante-six *ex-voto*, tant d'or que d'argent,
sans parler d'une quantité d'autres en cire [2].

Comment n'eût-on pas pensé, dès lors, à introduire
le procès de sa béatification? Ce fut Annecy qui,
comme de juste, prit l'initiative de ce grand acte.
Mgr Jean-François de Sales, la Mère de Chantal et le
Conseil de cette ville constituèrent, dès 1624, comme
leur procureur dans cette importante affaire, le P.
dom Juste Guérin, Barnabite éminent, qui devint
plus tard évêque d'Annecy [3]. Ce prêtre infatigable

---

1. Hist. de la Canonisation de saint François de Sales, par
l'abbé de Baudry, 5e sect., 3e chap. — 2. Ib. — 3. Pour aider
le lecteur à suivre le développement du culte de saint François,
nous insérons ici la liste des successeurs de ce Saint. Le diocèse
de Genève fut fondé par saint Nazaire, l'an 51 de l'ère chrétienne. Saint François de Sales fut son 107e évêque. Ce Saint
eut pour successeurs : Jean-François de Sales, 1622 à 1635 ;
Juste Guérin, 1638 à 1645 ; Charles-Auguste de Sales, 1645
à 1660 ; Jean d'Arenthon d'Alex, 1660 à 1695 ; Michel Gabriel

put, au bout de deux ans, porter à Rome le fruit de
ses recherches en Savoie, en Bourgogne et en Dauphiné, ainsi qu'une Vie de son auguste client, par le
P. de la Rivière, et plusieurs suppliques, telle qu'une
lettre collective du clergé de France. Sur ces pièces
présentées par le cardinal Maurice de Savoie, Urbain
VIII admit l'introduction de la cause, le 26 juin 1626.

VI.

L'archevêque de Bourges, l'évêque de Belley et
Ramus, docteur de Louvain, reçurent bientôt du
Saint-Siége la charge de procéder aux enquêtes d'u-
sage sur les vertus et les miracles de François de Sales.
Les articles auxquels il fallait répondre étaient au
nombre de 55 [1]. Les commissaires apostoliques se
choisirent des sous-délégués chargés de leur aider
dans les informations à prendre. Puis, de 1626 à 1632,
ils poursuivirent leurs recherches soit en Savoie, soit

de Rossillon de Bernex, 1697 à 1734 ; Joseph-Nicolas ,
Deschamps de Chaumont, 1741 à 1763 ; Jean-Pierre Biord, 1764
à 1785 ; Joseph-Marie Paget, 1785 à 1802, mort en 1811, à Saint-
Julien, lieu de sa naissance. La Révolution ayant brisé la chaîne
des évêques de Genève, le diocèse de saint François a eu pour
évêques : 1o Sur le siége de Chambéry et Genève, Mgr de Mérinville, 1802 à 1805 ; Mgr de Solles, 1805 à 1819 ; 2o sur le siége d'Annecy, Mgr de Thiollaz, 1823 à 1832 ; Mgr Rey, 1832 à 1842 ; Mgr
Rendu, 1843 à 1859 ; Mgr Magnin, qui occupe ce siége depuis
1861 ; 3o sur le siége de Lausanne et Genève, Mgr Jenny, 1819
à 1845 ; Mgr Marilley, de 1845 à 1873, époque où Mgr Mermillod,
évêque d'Hébron et auxiliaire de Genève, devint Vicaire apostolique de cette ville.

1. De Baudry, sect. 2, chap. 2.

en France. Le nombre des témoins à entendre fut si considérable, qu'à Annecy il dépassait quelquefois le chiffre de sept à huit cents personnes ; il s'éleva à plus de cinq mille. Citons, entre autres témoignages, celui de Sainte J. F. de Chantal dont l'étendue est de 150 pages dans la dernière édition de ses Œuvres.

Les commissaires firent l'examen des Reliques, le 10 juin 1632. Chose merveilleuse ! dix ans après sa mort, François était parfaitement intact ; sa figure paraissait pleine de vie ; il s'exhala de son tombeau un parfum céleste qui embauma tout le monastère, et dont les mains qui avaient touché le corps du Bienheureux s'imprégnèrent au point qu'on les lavait inutilement ; enfin, l'un des évêques ayant porté la main du Saint sur la tête de la Mère de Chantal, le Saint étendit visiblement les doigts et pressa paternellement la tête de la vénérable servante de Dieu [1].

Les enquêtes achevées, dom Juste Guérin emporta à Rome tout le résultat, et revint en Savoie pour remplir quelques formalités manquées. De retour à Rome, il rencontra au prompt succès de son œuvre deux obstacles insurmontables. Ce furent d'abord les décrets de *non-culte* portés par Urbain VIII : ces décrets exigeaient, et avec sagesse, comme condition préalable à une canonisation, qu'on n'eût point devancé le jugement de l'Église en rendant un culte religieux au Vénérable ; or ces décrets n'avaient point été observés par les impatients amis de François de Sales. Ce fut aussi

---

1. M. de Chaugy. *Mémoire sur la Mère de Chantal.* 2ᵉ p. ch. 22.

l'ordonnance d'Urbain VIII, qu'on ne s'occupât de la canonisation d'un saint, que cinquante ans après sa mort[1]. Il fallut donc attendre, et, en 1626, la cause de François entra pour dix ans dans une période de stagnation. Les frais du premier procès s'élevaient à 72,457 livres.

VII.

Pendant que la cause de saint François de Sales subissait les sages lenteurs de la cour de Rome, la Mère de Chantal mourut à Moulins, le 13 décembre 1641, et ses saintes dépouilles vinrent, le 31 du même mois, rejoindre à Annecy celles de son bienheureux Père, pour faire ensemble la joie de leur sainte famille. Parmi les œuvres que laissait après elle l'éminente Fondatrice de la Visitation, il est une lettre qui forme une des plus belles pages de l'Histoire de Saint François : c'est celle que la Sainte écrivit, en 1623, à dom Jean de Saint-François, général des Feuillants, sur les vertus du bienheureux évêque de Genève[2]. Pourrions-nous n'en citer aucun extrait sans laisser, dans ce petit travail, une lacune par trop regrettable ? « Dieu avait répandu, y lisons-nous, au centre de cette très-sainte âme, ou, comme il dit, en la cime de son esprit, une lumière, mais si claire, qu'il voyait d'une simple vue les vérités de la foi et leur excellence : ce qui lui causait de grandes

1. De Baudry, col. 934.— 2. Œuvres complètes. T. III, p. 247.

ardeurs, des extases et des ravissements de volonté. Il appelait le lieu où se faisaient ces clartés, le sanctuaire de Dieu, où rien n'entre que la seule âme, avec son Dieu. C'était le lieu de ses retraites, et son plus ordinaire séjour : car, nonobstant ses continuelles occupations extérieures, il tenait son esprit en cette solitude intérieure tant qu'il pouvait... Il disait que la vraie manière de servir Dieu était de le suivre et marcher après lui sur la fine pointe de l'âme, sans aucun appui de consolation, de sentiments ou de lumière que celle de la foi nue et simple; c'est pourquoi il aimait les délaissements, les abandonnements et désolations intérieures. Aussi, tirait-il de bonnes pensées de toutes choses, convertissant tout au profit de l'âme.

« Plusieurs années avant son décès, il ne prenait quasi plus de temps pour faire l'oraison, car les affaires l'accablaient; et un jour, je lui demandai s'il l'avait faite. « Non, me dit-il, mais je fais bien ce qui la vaut. » C'est qu'il se tenait toujours en cette union avec Dieu, et disait qu'en cette vie il faut faire l'oraison d'œuvre et d'action. Mais c'est la vérité, que sa vie était une continuelle oraison.

« Il aimait également la volonté de Dieu en tout, mais cela assurément. Et je crois qu'en ces dernières années il était parvenu à telle pureté, que même il ne voulait, il n'aimait, il ne voyait plus que Dieu en toutes choses.

« Ce document si peu connu, et toutefois si excellent : *Ne demandez rien, ne désirez rien, ne refusez rien,* lequel il a pratiqué si fidèlement jusqu'à l'extrémité de sa vie, ne pouvait partir que d'une âme entièrement indifférente et morte à soi-même. Son égalité d'esprit était incomparable : car qui l'a jamais vu changer de posture en nulle sorte d'action, quoique je l'aie vu recevoir de rudes attaques ?

« Qu'est-ce, me dit-il à Lyon, qui saurait ébranler « notre paix ? Certes, quand tout se boulverserait « sens dessus dessous, je ne m'en troublerais pas : « car que vaut tout le monde ensemble, en comparai- « son de la paix du cœur ? » Il regardait partir tous les événements grands et petits, de l'ordre de cette divine Providence; en laquelle il se reposait avec plus de tranquilité que jamais ne fit enfant unique sur le sein de sa mère.

« Pour les affaires qu'il entreprenait, et que Dieu lui avait commises, il les a toujours toutes ménagées, et conduites à l'abri de ce souverain gouvernement; et jamais il n'était plus assuré d'une affaire, ni plus content parmi les hasards, que lorsqu'il n'avait point d'autre appui.

« C'était l'âme la plus hardie, la plus généreuse et puissante à supporter les charges et travaux, et à poursuivre les entreprises que Dieu lui inspirait, que l'on ait su voir. Jamais il n'en démordait.

« Quelle était l'excellence et solidité de la prudence et sagesse naturelle, que Dieu avait répandue dans son esprit, qui était le plus clair, le plus net et universel qu'on ait jamais vu.

« Point de singularité, point d'action, ni de ces vertus éclatantes qui donnent dans les yeux de ceux qui les regardent et font admirer le vulgaire. Il se tenait dans le train commun, mais d'une manière si divine et céleste, qu'il me semble que rien n'était si admirable en sa vie que cela.

« Quiconque le voyait et l'observait était infailliblement touché, surtout quand il consacrait, car il prenait encore une nouvelle splendeur ; on l'a remarqué mille fois; aussi avait-il un amour tout spécial au très-saint Sacrement : c'était sa vraie vie et sa seule force.

« Ce n'est pas qu'il ne commît quelque imperfection, mais c'était par pure surprise et infirmité. Mais qu'il en eût laissé attacher une seule à son cœur, pour petite qu'elle fût, je ne l'ai pas connu; au contraire, cette âme était plus pure que le soleil, et plus blanche que la neige, en ses actions, en ses résolutions, en ses desseins et affections. Enfin ce n'était que pureté, humilité, simplicité et unité d'esprit avec son Dieu.

« Or, selon mon jugement, il me semble que le zèle du salut des âmes était la vertu dominante en notre bienheureux Père ; car, en certaine façon, vous eussiez quelquefois dit qu'il laissait le service qui regarde immédiatement Dieu, pour préférer celui du prochain. Bon Dieu ! quelle tendresse ! quelle douceur ! quel support ! quel travail ! Enfin il s'y est consumé. »

Quels accents !.. Mais quelle vie surtout que celle dont ils ne sont qu'une pâle description !

VIII.

Lorsque les restes vénérés des deux Fondateurs se trouvèrent réunis dans l'église du monastère d'Annecy, ce sanctuaire fut bientôt insuffisant pour la foule des pèlerins. La Mère Marie-Aimée de Blonay, supérieure de la Visitation, entreprit d'en construire un nouveau. Mgr Charles-Auguste de Sales transporta, le 26 septembre 1643, les deux corps sacrés dans l'intérieur du Monastère : dès le 1er juillet 1648, il put les replacer dans la nouvelle église qui avait coûté 105,841 livres, et dont ils devaient faire le céleste trésor pendant un siècle et demi. Faut-il que la Révolution ait livré ce monument à des usages profanes, et qu'aujourd'hui encore ces murailles bénies et ces dalles usées par les genoux de nos pères soient condamnées , sans espoir de restauration, à ne nous rappeler de leur glorieux passé qu'un souvenir effacé qui s'éteint de jour en jour !

Cette église dut attendre assez longtemps la béatification de celui qui était son principal ornement. Il est vrai, le clergé de France sollicita de nouveau en 1645 d'Innocent X le culte public de François de Sales. Mgr Charles-Auguste de Sales constata peu après le non-culte de son saint oncle ; et la Mère de Blonay envoya à Rome, comme procureur, l'abbé de Besançon, théologal d'Aoste, qui fut aidé par deux collègues distingués. Il n'est pas moins vrai que plusieurs personnes vinrent au secours des Visitandines, comme

Fabio Chigi, évêque de Nardo et nonce à Munster où il obtint de François plusieurs faveurs signalées. Innocent X adressa même à Mgr Charles-Auguste des lettres rémissoriales qui devaient frayer les voies à l'événement que désirait toute l'Église. Mais la maladie du pape, mais le départ de l'abbé de Besançon et surtout la mort de ses collègues, mais le Jubilé de 1650 et d'autres obstacles de force majeure firent de nouveau traîner en longueur un procès qui était, au reste, entaché de plusieurs nullités ; et le P. de Chaugy, alors à Rome, ainsi que Mgr Fabio Chigi, devenu cardinal, eurent beau obtenir d'Innocent X des lettres rémissoriales en faveur de l'évêque de Belley, la mort frappa le pape avant le succès de ces nouvelles tentatives. Elles avaient cependant coûté 33,336 livres au seul monastère d'Annecy [1], sans parler d'une somme égale fournie par les autres monastères.

IX.

Quelle fut la joie des dévots de Saint François quand les suffrages du nouveau conclave se portèrent sur le cardinal Chigi, qui prit le nom d'Alexandre VII ! Le nouveau pape était encore bien jeune que déjà l'évêque de Genève lui avait annoncé, dit-on, qu'il serait élevé aux plus hautes dignités de l'Église. « Eh bien ! avait-il répondu, si je deviens Pape, je vous canoniserai. » Et, dès lors, la lecture et l'invocation de François de

1. De Baudry. section 5. chap. 1.

Sales avait été sa plus chère occupation. Il s'assit donc dans la chaire de Pierre, le cœur gagné d'avance à la cause de notre Saint. Alexandre VII ne précipita point, pour autant, le décret de la béatification; mais, comme pour lui donner plus de poids, il le prépara avec une maturité, il l'entoura d'un luxe de précautions qui enchérit encore sur la sagesse ordinaire de l'Église en pareille matière. Il nomma commissaires apostoliques pour recommencer le procès, Mgr de Maupas, évêque du Puy, et les évêques de Belley et de Maurienne. Pendant deux mois et demi, les enquêteurs et vingt secrétaires, furent sans cesse occupés à Annecy, à recueillir les dépositions des témoins. Dans cette nuée de témoignages, citons celui du marquis de Lullin, dont se sont si souvent inspirés les hagiographes de Saint François.

Les miracles qu'on enregistra dans cette enquête furent si nombreux que, au jugement des commissaires, ils auraient suffi à la canonisation de soixante personnes [1]. La Mère de Chaugy elle-même déclara jusqu'à *trente-sept morts de ressuscités*, et la Sœur Marie-Judith Gilbert, une des miraculées du Saint, dit qu'on comptait *cinq à six mille* guérisons miraculeuses [2]. Quand on visita les Reliques du Saint, le 9 septembre 1656, il s'exhala de son tombeau, comme par bouffées, des parfums qui se sentirent jusque dans la ville; le chapeau d'évêque suspendu à la voûte

---

1. De Baudry, sect. 5, ch. 3. — 2. Pouvoir de saint François de Sales, XIII.

de la chapelle au-dessus de son sépulcre, tourna circulairement durant cinq heures, tant que la châsse fut ouverte et visible, de sorte que tous les assistants crièrent : O miracle ! Il y eut aussi plusieurs malades guéris miraculeusement [1]. Le travail des juges inquisiteurs, formant six volumes in-folio, fut cependant examiné et discuté à Rome pendant plus de deux ans.

Chose remarquable ! Mgr de Maupas lui-même faillit compromettre encore une fois la cause qu'il plaidait, et cela en publiant une *Vie* où il donnait jusqu'à cinq cents fois à François de Sales le titre de Bienheureux et de Saint [2]. Mais, grâce à la prudence et au dévouement admirables d'un modeste travailleur de Pontarlier, Jean Miget, qui remplissait à Rome les fonctions de promoteur [3], grâce à l'inépuisable générosité des Sœurs de la Visitation qui firent pour ce troisième procès une dépense de 92,088 livres, grâce surtout à la bonté divine qui présidait à ces grands événements, Alexandre VII, dispensant de l'époque réglementaire de cinquante ans, signa enfin le décret de la béatification. Il fixa pour la fête du Bienheureux, le 29 janvier premier jour disponible, d'après les rubriques, après le 24, anniversaire de sa sépulture. Par une double attention d'Alexandre VII, ce décret fut signé le 28 décembre 1661, et, le 8 janvier suivant, Saint-Pierre de Rome vit à cette occasion, une fête magnifique, la première qui se soit célébrée avec un rite à part,

1. De Baudry. Ib., ch. 4. — 2. Ib., ch. 5. — 3. Documents inédits ur la Béatification de saint François de Sales, par J. M. p. 21.

dans la basilique du Vatican, pour les solennités de ce genre [1].

Lyon fit sa fête le 29 janvier. Annecy eut à son tour des solennités ravissantes. Le corps du Bienheureux fut littéralement élevé sur l'autel, le 29 avril 1662, sous les yeux de Mgr Jean d'Arenthon d'Alex, dans une superbe châsse donnée par Madame Christine de France. Le lendemain commença une neuvaine de fêtes : il y eut jusqu'à vingt panégyriques [2], et les fidèles donnèrent avec transport un libre essor à la véhémence de leur joie et aux effusions de leur piété envers le Père qu'ils avaient au Ciel.

X.

Aussitôt après la béatification de François de Sales le concours des fidèles à son tombeau s'accrut dans d'immenses proportions. Dès le 23 juin 1662, l'illustre Mère de Chaugy adressait à son frère, alors à Rome pour plaider la cause de la canonisation, une lettre où elle fait un tableau ravissant de ces innombrables et héroïques pèlerinages.

« Mon vrai frère, lui dit-elle, maintenant je vous « dis que la dévotion me semble plus grande par « l'abord du pauvre peuple, qui vient processionnel- « lement à pied, nu-pieds, de 13, de 15, de 20 lieues, « des plus hautes montagnes, des glaciers effroyables « et des vallées les plus reculées et affreuses. Partie

1. De Baudry, sect. 7, ch. 3. — 2. Ib.

« de ces pauvres gens arrivent trois ou quatre cents
« ensemble de chaque paroisse, leur chapelet à la
« main et un petit sac sous le bras, dans lequel il y
« a quelques morceaux de pain de seigle ou d'avoine
« pour se nourrir en voyage. Ils se traînent à genoux
« à l'entour de l'autel où repose le Saint, ils lèchent
« le pavé de la terre, ils amassent la poussière, ils
« font leurs prières tout haut. Presque tous par un
« instinct universel, sans qu'âme du monde leur en
« ait parlé, baisent la terre devant le tableau de
« notre saint Père et font des oraisons tout haut, dic-
« tées du Saint-Esprit. Je voyais hier une bonne
« femme des hautes Beauges, qui faisait joindre les
« mains à deux petits enfants qu'elle avait amenés,
« et leur faisait dire ces propres paroles : « Monsei-
« gneur, bienheureux François de Sales, bénissez-
« nous, et nous faites bénir par le Saint-Père de toute
« l'Église, qui est à Rome, (afin) que nous puissions
« être toute notre vie bons catholiques. »

Pendant que les échos de la terre redisaient à l'envi
les gloires du Bienheureux François de Sales, la Congrégation des Rites reconnaissait trois nouveaux miracles dus à son intercession : la guérison de J.-Cl.
Ricard, né avec deux langues dont une avait disparu
au contact d'un morceau de la bière du Saint; celle
de Sœur M.-J. Gilbert atteinte de vingt-deux maladies
mortelles; celle de Fr. Lachenal, tombé la tête la première d'une roche élevée au fond d'une rivière d'où
on le tira sans mal au bout de deux heures. Ainsi la
cause de la canonisation fut-elle ouverte, dès le

21 août 1662. Retardée par de graves préoccupations, mais poursuivie à la prière du clergé de France et de Louis XIII, plusieurs fois guéri par le bienheureux, elle aboutit en 1665.

Dans la congrégation du 23 février 1665, Alexandre VII prononça, devant la congrégation des cardinaux, ces remarquables paroles : « François de Sales « a consigné les leçons et instructions de la doctrine « évangélique dans des livres que les fidèles ont con- « tinuellement dans les mains. *Nous-mêmes depuis* « *quarante ans, nous ne cessons de les lire jour et nuit,* « *et de pratiquer, autant que la faiblesse humaine le per-* « *met, les précieux avis qui y sont renfermés* [1].

Alexandre VII, choisit, avec délicatesse, pour signer la bulle canonisation, le 19 avril, dimanche du Bon Pasteur. La fête qui eut lieu à Saint-Pierre coûta 105,000 livres à la Visitation d'Annecy [2]. C'est ainsi que pour le procès dont nous venons de parcourir les phases principales, cette Maison dépensa jusqu'à 302,881 livres, somme énorme pour l'époque. Honneur à la piété filiale qui, à force de privations, a pu faire de si grands sacrifices! Hommage aux services éminents que rendent ces cloîtres obscurs que nos démolisseurs voudraient convertir en usines, sans doute pour faire le piédestal de leur sinistre grandeur !

1. Migne. Œuvres de S. François. T. I. col. 1109. — 2. Capelli p. 231, parle de 31,903 écus romains, comme frais généraux de la cérémonie.

Mais l'inépuisable générosité des Visitandines d'Annecy n'éclata pas moins aux fêtes si brillantes dont le 8 mai 1866 ouvrit la longue série. Témoin la plume élégante qui en a ravivé de nos jours le doux et immortel souvenir [1].

XI.

L'Église n'avait décerné que depuis quelques années les honneurs du culte public à Saint François de Sales, qu'elle reçut un nouveau et éclatant témoignage de la puissance de ce Saint. La dévotion au Sacré-Cœur n'avait rayonné jusqu'alors dans l'Église qu'à travers les premiers feux de son aurore. Cette aurore toujours croissante allait grandir plus lumineuse que jamais, pour inonder et embraser enfin la terre de ses rayons. Déjà Dieu s'était servi, comme l'atteste le Bref du Doctorat, de la plume de François de Sales pour répandre dans ses Lettres les germes de cette dévotion providentielle : il lui avait ainsi confié une mission que n'avaient eue, malgré toute leur piété, ni l'Ange de Clairvaux, ni le Docteur séraphique lui-même. François avait donc fait de la Visitation le temple vivant où le Cœur de Jésus devait trouver ses premières et plus ferventes adoratrices. Ce ne fut pas assez. Quand l'heure sonna où la dévotion, envoyée au monde comme une grâce suprême, dut entrer

1. Notice historique sur les précieuses Reliques de saint François de Sales, par un curé du diocèse d'Annecy, ch. 6.

dans son plein épanouissement, ce fut encore de Saint François qu'il se servit pour cette œuvre de régénération. Ce grand fait, que nous avons développé ailleurs[1], se trouve certifié et résumé dans une lettre de la Bienheureuse Marguerite-Marie Alacoque, cette humble Visitandine de Paray-le-Monial qui fut appelée à être la confidente, la victime et l'apôtre du Sacré-Cœur de Jésus[2] « Il me semble, dit-elle, que notre saint Fondateur, ce vrai ami du Cœur de Dieu, a été le *principal moteur* de ce don salutaire en faveur de notre Institut. » Ce qu'une si noble mission a de glorieux pour Saint François de Sales, Dieu seul le sait, seule l'éternité nous le découvrira.

XII.

Aussi la Providence a-t-elle voulu que ce Saint brillât, même ici-bas, d'une auréole des plus éclatantes. Au XVIIe siècle seul, elle lui donna plus de vingt historiens de renom, de vertu et de mérite[3]. » Elle mit

1. Somme ascétique de saint François de Sales, part. 4. ch. 1.

2. Œuvres de la Bienheureuse. T. II, 191. — On lit, d'ailleurs, dans le *Postulatum* fait par les Religieuses de la Visitation (1697), en vue d'obtenir la fête du Sacré-Cœur, ces paroles que leur provenance suffit, seule, à recommander : « Gravissima « quippe traditio est nascentis ordinis cœva ordinem hunc a « sancta Francisco Salesio fuisse institutum ut Sanctissimum « Cor Jesu peculiari devotione coleretur. » Galice dit la même chose dans sa *Vie de la Mère Clément*, visitandine.

3. Notice sur ses Reliques, ch. 8. — Voici les noms des principaux auteurs qui ont écrit sur saint François de Sales, dans le XVIIe siècle, avec le titre de leurs ouvrages les plus re-

— 199 —

son éloge sur les lèvres et sous la plume des orateurs et des écrivains les plus éminents : Fénélon, Bossuet, Bourdaloue, Monseigneur Parisis, M. de Sacy et M. de Pontmartin. Elle s'est faite la gardienne de ses précieuses reliques, alors même que la Révolution

marquables et la date de la publication, d'après l'abbé de Baudry. (Œuv. de saint François de Sales. Édition Migne, 1861, t. I, p. 1162 et suivantes.)

I. Le P. Jean de Saint-François, Feuillant. *Vie de l'évêque de Genève*, 1624. — II. L'abbé de Longueterre. *Vie de Très-Illustre Messire François de Sales*, 1624. — III. Le P. Philibert Chapuis de Bonneville, Capucin. *Oraison funèbre de François de Sales*, évêque de Genève, 1623. — IV. Le P. de La Rivière. *Vie de l'Illustrissime François de Sales*, 1624. — V. Le P. Théophile Raynaud, Jésuite. *Indiculus sanctorum Lugdunensium*, 1629. — VI. Étienne Caret, chanoine de Saint-Paul de Lyon. *Portraits raccourcis... du B. François de Sales*. 1632. — VII. Charles-Auguste de Sales. *Histoire de la Vie et des Faits du B. François de Sales, évêque et prince de Genève*, en latin et en français, 1634. — VIII. Jean-Pierre Camus, évêque de Belley. *L'Esprit du B. François de Sales*, 1641. — IX. Le P. Giarda, Barnabite. *Compendio della vita di Francesco di Sales*, 1648. — X. Le P. Talon, Jésuite. *Vie du B. François de Sales*, 1640. — XI. Henri de Maupas du Tour. *Vita B. Francisci Salesii*, 1663. — XII. Magistri, chanoine d'Annecy et curé de Pers. — XIII. Capelli, prêtre d'Asculani. *Histoire de la Béatification et Canonisation de saint François*, à Rome de 1661 à 1665. — XIV. De Hauteville, chanoine d'Annecy. *Peintures de la vie et douceur du B. François de Sales*, 1661 ; *Maison de Sales*, 1669. — XV. La Mère de Chaugy. *Abrégé de la Vie du B François de Sales*, 1647. Il nous reste de cette éminente Religieuse plusieurs autres ouvrages très-estimés sur l'Ordre de la Visitation. — XVI. Louise-Françoise de Rabutin. *Vie abrégée de saint François*, 1699. Nous avons passé sous silence cinq auteurs qui n'ont laissé que des *Mémoires* manuscrits, et huit autres dont les œuvres n'ont pas le mérite de ceux que nous avons indiqués.

jetait aux quatre vents les cendres les plus vénérables. En vain l'ouragan de 1792 renversa-t-il la Visitation de Lyon, le Cœur de Saint François, transporté
chez les Visitandines de Venise, y trouva un asile in-
violable ou chaque jour on vient le vénérer. En vain
les Sœurs de la Visitation d'Annecy durent-elles fuir
devant l'ouragan révolutionnaire, comme de faibles
colombes devant le vautour, les Reliques de saint
François et de sainte Jeanne-Françoise de Chantal,
transportées le 26 mars 1793 par leurs Filles au château de Duingt, vinrent bientôt reprendre leur ancienne place d'où elles furent transportées, dans une
triste procession, hélas ! à la cathédrale, par Panisset,
évêque constitutionnel. Vainement encore la Terreur
viola les tombes de Saint-Denis, les Corps de nos
Saints furent secrètement soustraits à toute profana-
tion, dans la nuit du 21 au 22 janvier de 1794, par
quatre généreux chrétiens d'Annecy, MM. Balleydier,
Rochette, Amblet et Burquier, avec-procès verbal du
vicaire-général, M. Dubouloz; ils trouvèrent pendant les
jours sanglants, dans la maison Amblet, un abri et une
arche de salut. Ce fut là que Mgr de Mérinville, évêque
de Chambéry et de Genève, put les reconnaître, le
27 septembre 1804, et que Mgr de Solles, son successeur, vint les prendre, en 1806, pour les transporter
solennellement, celles de Saint François, le 27 mai,
dans son ancienne cathédrale, et celles de Sainte
Jeanne, le 29 mai, dans l'église de Saint-Maurice.

Mais ne fallait-il pas que les deux tombes fussent
réunies encore dans la même enceinte et confiées à la

garde dévouée des pieuses Filles de la Visitation?
Pour être sous leur toit, seraient-elles moins le trésor
du bon peuple d'Annecy, de tout le troupeau et de
tous les amis de Saint François de Sales? Aussitôt que
Mgr de Thiollaz, premier évêque d'Annecy, eût pu
reconstruire une église pour le Monastère de la Visitation, il y transféra les Reliques des deux Saints,
le 21 et le 23 août 1826. Avec Charles-Félix, roi de
Sardaigne et son épouse, la reine Christine, entourés
d'une cour brillante, assistèrent à cette solennité trois
archevêques, sept évêques, plus de trois cents prêtres,
toutes les autorités d'Annecy, et un peuple immense de
tout âge, de tout pays et de toute condition, assemblée
magnifique que devait électriser la parole éloquente
de Mgr Rey, alors évêque de Pignerol. Ainsi fut res-
tauré, aussi bien que possible, le culte de Saint François, un instant troublé par la tourmente révolutionnaire.

XIII.

Depuis lors, Saint François, toujours plus populaire,
est devenu l'âme de presque toutes les grandes œuvres
catholiques, en Europe. La Savoie, la France, l'Italie et
la Suisse se sont réunies de concert pour mettre sous
sa protection leurs œuvres les plus chères. C'est sous
son égide que s'est établie, à Annecy, en 1836, la Congrégation des saints Missionnaires, dont on admire le
dévouement en Savoie, dans les Indes et en Angleterre,
C'est de sa protection et de son nom que s'est couverte,

en 1857, l'œuvre de Saint-François-de-Sales, qui a pour but « la propagation de la foi à l'intérieur ». C'est sous son patronage que l'éminent rédacteur de *l'Unita-cattolica* de Turin, l'abbé Margotti, a demandé à Pie IX de placer la presse catholique du monde entier. C'est de sa pensée que s'inspire l'œuvre de Saint Paul. Et, en effet, si la bonne presse est un grand apostolat, surtout à l'heure où la mauvaise presse exerce une action si dissolvante sur les masses, quel modèle et quel protecteur incomparable que le Saint qui a si bien combattu, dans le protestantisme, le principe délétère du libre examen, triste avant-coureur de la libre-pensée et de la morale indépendante !

XIV.

Avec la vénération toujours grandissante du monde catholique pour Saint François de Sales, l'anniversaire bi-centenaire de sa canonisation ne pouvait passer inaperçu. Comme pour frayer les voies aux fêtes commémoratives de cet événement, la divine Providence plaça en 1861, sur le siége épiscopal d'Annecy, un prélat selon son cœur, qui devait s'identifier avec la cause de Saint François de Sales. Aussi, avec quel empressement Monseigneur Magnin saisit l'occasion de placer son pontificat sous les auspices de son immortel prédécesseur, en renouvelant, le 19 avril 1865, les magnificences du 19 avril 1665 ! Pour donner aux pieuses Filles de Saint François la facilité d'en faire les préparatifs, en réparant la châsse donnée, en 1826, par le comte Paul-François de Sales, Monseigneur Magnin procéda, le 30 janvier 1865, à la translation des Reliques du Saint dans le chœur des Religieuses de la Visitation. Ce fut là, que le 19 avril suivant, Sa Grandeur vint les reprendre avec trois autres prélats, dans la châsse élégamment réparée, pour les rapporter dans l'église du Monastère et y ouvrir toute une octave de solennités, en présence d'environ 400 ecclésiastiques et d'une foule nombreuse.

Durant ces huit jours, Annecy fut le théâtre de fêtes magnifiques. Rien ne devait y manquer, pas même les beautés du printemps, d'ordinaire un peu tardives dans les montagnes de la Savoie. Chaque jour amena à la Visitation deux, trois, quatre paroisses[1]. Dix-huit paroisses entières y vinrent en procession, heureuses de recevoir le pain des Anges et celui de la divine parole auprès des Reliques du bon Saint, qui restaient exposées dans le chœur

Ce fut le 26 qu'eut lieu le couronnement de cette huitaine d'ovations continuelles. Jamais peut-être plus belle page n'a été écrite dans les annales salésiennes. Le matin, Saint François, porté processionnellement de la Visitation à la cathédrale, à travers toutes les rues d'Annecy tapissées de drapeaux et d'oriflammes, d'écussons et de guirlandes, de couronnes et de vases de fleurs, fut, tout le long du parcours, invoqué par mille voix remplissant l'air d'hymnes et de prières, et salué

---

1. *Annecy et ses fêtes*, par M. le chanoine Ruffin. p. 86.

par une foule compacte et frémissante comme les eaux de la mer, mais aussi recueillie et respectueuse que possible. Dans son splendide cortége, on comptait quatre princes de l'Église : LL. EE. Mgr Billiet, archevêque de Chambéry, doyen d'âge des cardinaux de France, et président de la cérémonie; Mgr Mathieu, archevêque de Besançon ; Mgr Donnet, archevêque de Bordeaux; Mgr de Bonnechose, archevêque de Rouen. A leur suite s'avançaient douze autres prélats en habits pontificaux. C'étaient L.L. G.G. Ngrs Magnin, évêque d'Annecy; Vibert, évêque de Saint-Jean-de-Maurienne; Turinaz, évêque de Moutiers ; Marilley, évêque de Lausanne et de Genève ; de Langalerie, évêque de Belley ; Nogret, évêque de Saint-Claude ; Jordany, évêque de Fréjus et Toulon; de Preux, évêque de Sion ; de Charbonnel, évêque démissionnaire de Torento, coadjuteur de Lyon ; Bagnoud, évêque de Bethléem ; Mermillod, évêque d'Hébron, auxiliaire de Genève ; et de Ségur, chanoine de Saint-Denis. Venaient ensuite 400 prêtres en surplis, des membres de plusieurs Instituts religieux ; toutes les autorités administratives, judiciaires, militaires et municipales d'Annecy, plusieurs corporations religieuses, civiles et littéraires, 400 prêtres qui n'avaient pu se procurer des surplis, enfin une foule de fidèles si considérable que le défilé sur quatre lignes dura deux heures entières. Quel spectacle! quel immense faisceau d'hommages au Saint dont la mémoire planait sur toute cette multitude! L'Office du matin se termina à la cathédrale, où S. E. le cardinal Donnet célébra la messe pontificale, et prononça le panégyrique du Saint. Le soir, après les Vêpres chantées à la cathédrale, le cortége pontifical reprit les précieuses Reliques pour les réinstaller à la Visitation. Arrivés devant cette église, les seize prélats, rangés en demi-cercle sur une riche estrade dominant les flots pressés de la multitude[1], élevèrent tous ensemble leurs voix et leurs mains, pour répandre sur le bon peuple d'Annecy et toute l'assistance attendrie les bénédictions du Dieu qui n'est pas moins prodigue de ses dons qu'admirable dans ses Saints.

L'année 1873, qui a vu dans notre France de si imposantes manifestations religieuses, a noblement payé son tribut à notre Saint. A son tombeau, pendant la neuvaine commémorative de la translation de ses Reliques, et aux Allinges, premier centre de sa mission en Chablais, ont eu lieu cette année-là les pèlerinages les plus imposants.

XV.

Après tous ces triomphes, il ne restait plus à saint-François qu'un seul degré à franchir pour arriver à l'apogée de la gloire ici-bas. Son front était ceint du plus éclatant diadème; il lui manquait cependant l'auréole de Docteur de l'Église universelle. Mais quoi! osait-

---

1. « L'évaluation la plus modeste porte à 60,000 le nombre « des pèlerins » présents à cette cérémonie, et « ce n'est pas « exagérer que de porter à 90,000 le nombre total » des pèlerins qui se trouvaient à Annecy. *Annecy et ses fêtes*, p. 108.

on espérer pour lui cet honneur suprême ? Combien d'écrivains éminents dans le cours des siècles chrétiens, et combien peu de Docteurs, car l'Église n'en comptait encore que dix-huit ! Les Œuvres de Saint François de Sales étaient-elles à la hauteur des travaux des anciens Pères ? Ce Saint n'avait écrit ni en latin, ni en grec, les deux langues ecclésiastiques : or, pourrait-on, sans inconvénient, admettre un idiome tout national, comme la langue française, dans le sénat des Docteurs de la catholicité ? Enfin, n'était-ce pas assez pour la gloire de ce Saint et pour la confiance de ses disciples que l'approbation donnée à ses écrits, le 28 août 1655, par la Congrégation des Rites, et l'éloge que l'Église en avait fait dans sa Liturgie ? Ces considérations n'étaient pas sans quelque valeur.

Mais l'idée du Doctorat de Saint François germait depuis longtemps dans plus d'un cœur généreux ; que dis-je ? ne datait-elle pas du jour où avaient été faites les premières démarches pour la béatification du Saint ? Les soupirs qui s'élevaient vers le ciel à ce sujet trouvèrent un facile et puissant écho dans l'âme du vénérable Mgr Magnin, lors de son séjour à Rome pendant le concile œcuménique du Vatican, ouvert le 8 décembre 1869. Un concile œcuménique, quelle belle occasion de tenter ce grand œuvre ! De plus, un concile présidé par Pie IX, ce pape en qui se reflétait Saint François de Sales tout entier, quelle occasion plus belle encore !

Monseigneur Magnin, rédigea donc, à l'ombre de

la Basilique vaticane, un premier *Postulatum* pour le Doctorat de son glorieux prédécesseur ; puis, avec l'agrément du Souverain-Pontife, il le porta lui-même chez la presque totalité des six à sept cents Pères du concile. Ce *Postulatum* se couvrit des signatures des personnages les plus considérables : celles de 30 cardinaux, 7 patriarches, 74 archevêques, 326 évêques et 15 généraux d'Ordres. C'était l'unanimité morale du Concile. Pie IX reçut ces 452 signatures avec une bonté toute particulière. Mais la suspension du concile vint arrêter l'élan qui s'accentuait toujours davantage ; et, de plus, la précieuse pétition s'égara lors de l'invasion de la Ville des Papes par l'armée piémontaise. Deux ans s'écoulèrent sans que les démarches pussent être facilement reprises. Mais, le 21 août 1874, fête de Sainte Jeanne de Chantal, Mgr Magnin adresse un second *Postulatum* aux évêques du monde entier pour les prier de renouveler leurs instances. De nouveau, les adhésions furent innombrables et éclatantes. Beaucoup de prélats, comme l'illustre évêque de Poitiers, adressèrent même au Vicaire de Jésus-Christ des *Postulata* personnels en faveur du Doctorat. Tant et de tels suffrages trouvèrent à Rome un accueil d'autant plus favorable que Mgr d'Annecy avait pu reproduire, grâce à des notes privées, les noms des vénérables signataires de la première supplique. La Sacrée Congrégation des Rites fut donc saisie par le Saint-Père de la cause du Doctorat. On nomma postulateur Monsieur l'abbé Abre, aumônier de la Visitation d'Annecy ; pro-pos-

tulateur le R. P. Fantoni, Jésuite ; et avocat M. Ali-
brandi, le savant canoniste, qui déjà avait plaidé la
cause doctorale de saint Alphonse de Liguori. Mgr
Salvati, était promoteur de la foi.

L'examen fut sérieux et sévère. Mais, dit Mgr Magnin, « après avoir entendu le rapport de l'éminen-
« tissime et cardinal Louis Bilio, évêque de Sabine,
« préfet de la même S. Congrégation et ponent de
« la cause, la Sacré Congrégation déclara *à l'unani-
« mité des voix* qu'il serait recouru au Saint-Père,
« pour obtenir et étendre à toute l'Église le titre de
« Docteur en l'honneur de Saint François de Sales.
« Le rescrit fut daté du 7 juillet 1877 [1]. » Pour sanc-
tionner ce décret de son autorité souveraine, Pie IX
choisit, avec une exquise délicatesse, le 19 juillet, fête
de saint Vincent de Paul, cet ami de Saint François
de Sales, et septième anniversaire du jour où l'Église
avait appris la définition du dogme de l'Infaillibilité
pontificale, si bien enseignée par le nouveau Docteur.

Inutile de dire l'explosion de joie qui éclata dans le
monde, à cette heureuse nouvelle. Dans cette haute
consécration donnée aux écrits de Saint François de
Sales, n'était-il pas permis de saluer le début d'une
ère nouvelle pour sa gloire et pour l'ascétisme chrétien dont il est la personnification ? Combien grand
surtout fut le bonheur de ses Filles de la Visitation !
Celles d'Annecy songèrent aussitôt à élever à leur

1. Lettre pastorale du 31 janvier 1878.

Père un sanctuaire qui ne fût pas trop au-dessous de la place éminente qu'il occupe dans l'Église. Elles offrirent aussi à l'auguste Pie IX un reliquaire contenant des restes précieux de leurs saints Fondateurs, et vraiment digne de figurer dans les trésors de Sa Sainteté. De son côté, Pie IX adressait au monde catholique, le 16 novembre, le magnifique Bref *Dives in misericordiâ*. Ce Bref devait être et la complète apothéose de Saint François et le testament suprême du Pontife qui fut, trente-deux ans, le Père de nos âmes.

Quand on eut versé des larmes sur la tombe de ce grand Pape, on songea à continuer son œuvre en fêtant le Doctorat du Saint qu'il avait exalté. Théâtre de la mort de Saint François, la cité lyonnaise prit l'initiative de ces solennités, et choisit pour les célébrer les 26, 27, 28 décembre, anniversaire de cette mort. La Savoie, berceau du Saint, les célébrera dans sa ville épiscopale, les 20, 21, 22 du mois d'août prochain. « Le 21 août, lisons-nous dans le mandement « qui annonce ces fêtes [1], est le jour anniversaire de « la naissance de Saint-François, en 1567; c'est le « jour assigné par lÉglise pour la célébration de la « fête de Sainte Jeanne-Françoise de Chantal; c'est « aussi le commencement de la Neuvaine qui attire « chaque année, depuis plus de cinquante ans, une « grande multitude de fidèles, » heureux de célébrer la mémoire du 21 août 1826, jour où il fut donné à

1. Lettre-circulaire de Mgr d'Annecy, du 2 juillet 1878.

6***

Mgr de Thiollaz de rendre les Reliques de Saint-François à la nouvelle église de la Visitation.

Puisse l'hommage que, dans cette circonstance unique, nous déposerons aux pieds du Saint Docteur, être en harmonie avec les traditions du passé, des besoins du présent et le jugement que nous désirons de l'avenir !

A

SAINT FRANÇOIS DE SALES

O Saint François de Sales, faites que désormais nous entrions en plein dans les vues de l'Église au sujet de votre Doctorat! Que, d'abord, à la source si pure, si abondante et si fraîche de vos suaves écrits, nous aimions à puiser la connaissance de notre sainte religion, l'amour des dogmes définis dans ces derniers temps, ainsi que l'horreur de cette tendance qui, sous le nom de libéralisme-catholique, *s'efforce d'établir une alliance entre la lumière et les ténèbres, un accord entre la justice et l'iniquité, absolument comme s'il n'était pas écrit que « personne ne peut servir deux maîtres. »* [1] De ce lâche et traître compromis, le fléau de nos jours, préservez-nous, ô vous dont la foi fut si virginale! Mais, puisque *c'est se séduire soi-même que de se contenter d'écouter la divine parole,* [2] faites aussi, grand Saint,

1. Bref du 6 mars 1873. — 2. Ep. B. Jac. 1. 22.

que nous suivions vos exemples, comme vos doctrines ! Notre siècle est enivré d'indépendance, de sensualisme, de cupidité. Que, sur vos traces, nous marchions dans les voies de l'obéissance, de la pureté et du détachement ! Soyez ainsi pour nous, ô Docteur bien-aimé, un soleil qui féconde, en même temps qu'il éclaire.

Les jours sont mauvais, la foi baisse, la charité se refroidit, le flot du mal monte, monte sans cesse, et nous sommes menacés de terribles catastrophes. O vous qui avez entrevu les trésors d'amour que devait répandre sur les derniers temps la dévotion au divin Cœur, priez-le pour nous, conjurez la tempête, et que votre bénédiction soit à la hauteur de nos besoins ! N'avez-vous pas assez de pouvoir? Qu'est-ce que Dieu vous refusera, à vous qui lui avez gagné tant de cœurs, à vous qui, encore ici-bas, semiez déjà les miracles sur votre passage? Sera-t-il dit que la compassion vous fasse défaut? Mais n'étiez-vous pas le plus doux des hommes, avant même d'être assis au foyer du Dieu de charité? Non, rien ne manque à votre puissance, rien ne manque à votre amour. O notre Père, dites donc à Dieu de nous bénir de sa grande bénédiction !

Bénissez votre *petit Annessy*, cette portion chérie de votre troupeau, mais sans oublier celle que vous appeliez : *ma misérable Genève* [1]. Bénissez la Savoie, votre berceau, mais demandez toujours pour la France, qui vous fut si chère, « *la piété qui régnait du temps de S. Louis.* » Veillez sur le Successeur du Pape qui vous a couronné des lauriers du Doctorat. Veillez sur l'Épiscopat qui a pressé le pontife infaillible de vous décerner cet honneur. Veillez sur l'Église qui, partout, vous acclame et vous fête comme un maître consommé, comme un modèle parfait entre tous. O bon Saint, veuillez répandre une bénédiction spéciale sur le pauvre prêtre qui s'est efforcé de vous faire connaître à tous ; car son œuvre resterait stérile si vous ne daigniez la féconder.

1. Lett. 4 déc. 1609.

TABLE DES MATIÈRES

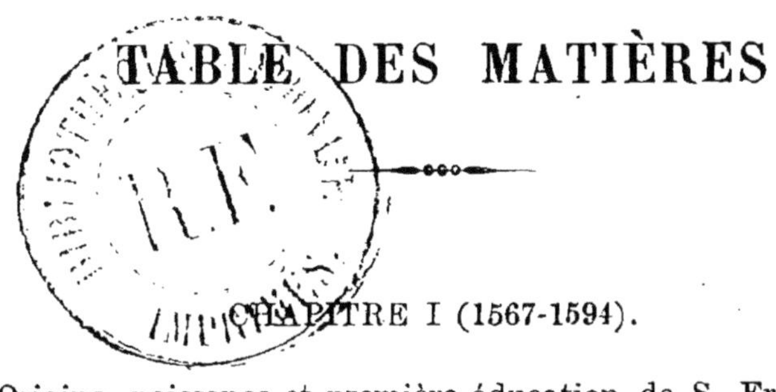

CHAPITRE I (1567-1594).

CHAPITRE II (1594-1597).

CHAPITRE III (1597-1598).

TROISIÈME PÉRIODE DE LA MISSION DU CHABLAIS.

CHAPITRE IV (1598-1601).

QUATRIÈME PÉRIODE DE LA MISSION DU CHABLAIS.

CHAPITRE V (1601-1610).

DERNIERS TRAVAUX DE S. FRANÇOIS DE SALES COMME COADJUTEUR ET PREMIÈRE PÉRIODE DE SON ÉPISCOPAT.

CHAPITRE VI.

LA VISITATION.

CHAPITRE VII.

SECONDE PÉRIODE DE L'ÉPISCOPAT DU SAINT (1610 A 1622).

CHAPITRE VIII.

CULTE DE SAINT FRANÇOIS DE SALES DEPUIS SA MORT JUSQU'A NOS JOURS.

ERRATA.

Page 17, ligne 12, au lieu de *Sonaz*, lisez *Sonnaz*.

Page 24, ligne 24, au lieu de *applaudissait à*, lisez *bénéficiait de*, en remarquant que si le Valais accepta la possession *du pays de Chablais de Saint-Maurice en bas*, ce fut sur la demande des habitants de ces contrées, en vue d'y conserver le culte catholique, et avec la promesse de les rendre, sauf indemnités, au duc de Savoie, quand ce prince rentrerait en possession de ses anciens domaines, ainsi que le dit M. le chanoine Boccard, dans son *Histoire du Valais*, ch. XV.

Page 25, ligne 6, au lieu de *nobiliaires*, lisez *nobles*.

Page 26, ligne 19, au lieu de *houlette*, lisez *direction*.

Page 50, ligne 7, au lieu de *un sceau*, lisez *le sceau*.

POITIERS. — TYPOGRAPHIE DE H. OUDIN FRÈRES.

EXTRAIT DU CATALOGUE

DE LA LIBRAIRIE DE

H. OUDIN FRÈRES

A POITIERS (VIENNE)

ET A PARIS : RUE BONAPARTE, 68.

Abrégé d'Histoire sacrée, contenant l'Ancien et le Nouveau Testament, *orné de plus de cent gravures sur bois*, représentant les principaux sujets bibliques. 2ᵉ édition, 1 joli volume in-12, cartonné, dos toile, couverture imprimée ornée d'une vignette.   1 fr. 50

Cet ouvrage a été approuvé et recommandé par NN. SS. les archevêques et évêques de Bordeaux, de Poitiers et de Port-d'Espagne.

ANNÉE LITURGIQUE, par le T.-R.P. Dom Prosper Guéranger, abbé de Solesmes. 9 vol. in-12 ont paru ; le volume,   3 fr. 75

Le Temps de l'Avent, 1 vol.

Le Temps de Noël, 2 vol.

Le Temps de la Septuagésime , 1 vol.

Le Temps du Carême, 1 vol.

Le Temps de la Passion, 1 vol.

Le Temps Pascal, 3 vol.

Cantiques des Missions, composés par le P. Grignon de Montfort, suivis des Exercices et Pratiques de piété de la Mission. 1 vol. in-12.   60 c.

Cantiques (Nouveau Recueil des meilleurs) pour les différentes circonstances de l'année, telles que Missions, Retraites, etc. 9ᵉ édition, augmentée, in-32 piqué.   20 c

Le même (paroles et musique), in-18.   2 fr. »

Cantiques (Nouveau Recueil de) pour le Mois de Mai et pour toutes les fêtes consacrées à la sainte Vierge, in-32 piqué.   20 c.

CATÉCHISME DES VŒUX, à l'usage des personnes consacrées à Dieu dans l'état Religieux, par le P. Pierre Cotel, de la Compagnie de Jésus, 11ᵉ édition, soigneusement revue et augmentée. 1 joli vol. in-18.   40 c.

CATÉCHISME DES VŒUX (Explication du), par le même. 1 joli vol. in-12.   2 fr. »

Catéchisme de Bossuet, évêque de Meaux, nouvelle édition contenant le petit Catéchisme ou abrégé de la Doctrine chrétienne, le Catéchisme pour les enfants que l'on prépare a la première Communion, et le Catéchisme des fêtes. 1 vol. in-18.   1 fr. 50.

Catéchisme de Persévérance à l'usage de la jeunesse, 1 fort vol. in-12.   2 fr. »

Chemin de la Croix, ou Stations du Via Crucis, 1 vol. in-32 raisin en gros caractères, orné de 16 belles gravures.   90 c.

Le Chemin de la Croix de la Sainte Vierge, ou les XII Stations de la voie douloureuse de la Mère de Dieu, suivies chacune de prières générales et d'une prière particulière pour la France, par M. Alex. de Saint-Albin. Un vol. in-18.   2 fr. 25

Combat spirituel, par le R. P. Laurent Scupoli, traduit en français par le P. J. Brignon, augmenté de la Messe et des Vêpres du Dimanche. 1 vol. in-32 raisin en gros caractères.   1 fr. »

Conduite pour passer saintement le temps de l'Avent, par le R. P. Avrillon, 1 vol. in-18.   80 c.

Conduite pour passer saintement le temps du Carême, par le R. P. Avrillon, 1 vol. in-32.   1 fr. •

CONFÉRENCES AUX MÈRES CHRÉTIENNES, par M. l'abbé Gay, vicaire général de Poitiers, 2 beaux volumes in-8°.   12 fr.

Conférences sur les Doctrines et les Pratiques les plus importantes de l'Église catholique, par Mgr N. Wiseman, évêque de Mellipotamos, traduites de l'anglais par M. l'abbé Jarlit, docteur en théologie, et précédées d'une introduction sur l'état actuel du Protestantisme. 2 vol. in-18 anglais.   6 fr.

Consolations spirituelles, ou Paroles tirées de l'Écriture sainte pour servir de consolation aux personnes qui souffrent, ouvrage posthume du R. P. Bouhours, de la Compagnie de Jésus, nouvelle édition. 1 vol. in-64.   50 c.

COURS ÉLÉMENTAIRE DE PHILOSOPHIE SPÉCULATIVE selon la méthode angélique de saint Thomas d'Aquin, par M. le chanoine Prisco, traduit de l'italien par M. l'abbé Huchedé, professeur au Grand-Séminaire de Laval. 1 fort volume in-12.

DE DEO CREANTE, sive de Auctore Naturalis Ordinis. Commentarius I.— De Creatione generatim auctore Clemente Schrader S. J. 1 beau volume in-8°.   6 fr. »

Dévotion aux saints Anges Gardiens, ou Association de la Bonne-Mort, 1 vol. in-32 carré.   30 c.

Drames bibliques, la Naissance de Notre-Seigneur Jésus-Christ, *pastorale en un acte,* et l'Adoration des Mages, *drame en 4 actes,* par la Sœur Marie F. D. de Sainte-Philomène, 2e édition, 1 volume in-12.   1 fr. •

LES DROITS DE DIEU ET LES IDÉES MODERNES, par l'abbé François Chesnel, vicaire général de Quimper. Cet ouvrage est revêtu de l'approbation de Sa Grandeur Monseigneur Pie, évêque de Poitiers. 2 beaux volumes in-8°.   10 fr. »

De la Souveraine et Infaillible autorité du Pape dans l'Église et dans les rapports avec l'État, par le R. P. Bottalla, de la Compagnie de Jésus, professeur à la Faculté de Théologie de Poitiers, 2 beaux volumes in-8º.

Les Émigrés, humaine comédie, poëme par M. E. de Fleury, ancien Recteur départemental, inspecteur honoraire d'Académie, officier de l'instruction publique.   3 fr.

Esprit et vertus du vénérable serviteur de Dieu Louis-Marie Baudouin, fondateur de la Société des Enfants deMarie Immaculée et de celle des Ursulines de Jésus dites de Chavagnes, par un Père de la Société des Enfants de Marie Immaculée, 2e édition, un beau volume in-12.   ~ 3 fr.

Essai sur l'Origine, la Signification et les Priviléges de la Médaille ou Croix de saint Benoît, par le R. P. Dom Guéranger, abbé de Solesmes, 1 vol. grand in-18, 6e édition.   1 fr. 20

Essai sur le naturalisme contemporain, par le même, 1 volume in-8º.   6 fr.

ÉTUDES SUR LES TEMPS PRIMITIFS DE L'ORDRE DE SAINT-DOMINIQUE. *Le Bienheureux Jourdain de Saxe*, par le R. P. Antonin Danzas, religieux du même Ordre, précédé d'une lettre de Sa Grandeur Mgr Pie, évêque de Poitiers, approuvé par Sa Grandeur Mgr de la Bouillerie, coadjuteur de l'archevêque de Bordeaux. 4 forts volumes in-8º.   20 fr.

Eugène Ricci, élève du collége des Nobles à Rome, et de l'école Sainte-Geneviève à Paris, élève de l'école des Mines, Jésuite, par le P. M.-G.-V. Delaporte, un beau volume in-18, sur papier teinté.   1 fr. 50

EXAMENS PARTICULIERS DE TRONSON (LES), appropriés à la vie religieuse, nouvelle édition revue et corrigée, 1 beau vol. in-12.   3 fr.

EXERCICES SPIRITUELS DE S. IGNACE, disposés pour une retraite de huit jours, par le R. P. Bellécius, avec la retraite de trois jours, du même auteur, traduits en français par M. L. Berthon, nouvelle édition, 1 vol. in-12.   3 fr.

EXERCICES DE SAINTE GERTRUDE (LES), Vierge et Abbesse de l'Ordre de Saint-Benoît, par le R. P. Dom Guéranger, abbé de Solesmes, 1 charmant vol. in-32, avec encadrement, tiré sur papier teinté. (Nouvelle édition sous presse.)

Explication du Pater et Élévations à Dieu, par sainte Thérèse, traduction par le P. Marcel Bouix, de la Compagnie de Jésus. 1 vol. in-32 jésus.   1 fr. 2

Femme forte (la), d'après les paroles de l'Écriture sainte, Conférences destinées aux femmes du monde, par Mgr Landriot, archevêque de Reims, 1 vol. in-18 jésus.   3 fr.

Femme pieuse (la), pour faire suite à la *Femme forte*, Conférences destinées aux femmes du monde, par Mgr Landriot, archevêque de Reims, 2 vol. in-18 jésus.   6 fr

Fleurs de la Passion. — Pensées de saint Paul de la Croix, fondateur des Passionnistes, cueillies dans les lettres du Saint, par le R. P. Louis de Tn. de Jésus Agonisant, du même Institut, 1 vol. in-18. 1 fr. 20

Fleurs (les), Mois de Marie de l'Enfance et de la Jeunesse, avec une histoire pour chaque jour, par le R. P. Fonteneau, missionnaire de la Compagnie de Marie, ouvrage orné de 33 jolies vignettes représentant des fleurs. 1 volume in-32 raisin, broché. 1 fr.

Grandeurs (les) de la Mère de Dien, par la Mère de Blémur, bénédictine du Très-Saint-Sacrement, nouvelle édition, revue et augmentée d'un Recueil d'Indulgences et de Prières en l'honneur de la sainte Vierge, par un Bénédictin de la Congrégation de France, 2 forts vol. in-12. 8 fr.

Guérison de Caroline Esserteau, Pèlerinage Niortais des 2 et 3 juillet 1873 à N.-D. de Lourdes. Relation adressée à S. G. Mgr l'Évêque de Poitiers par le Président du Pèlerinage. Ouvrage approuvé et recommandé par Sa Grandeur Monseigneur Pie, évêque de Poitiers (seconde édition), un beau volume in-12. 1 fr. 50

GUIDE DE L'ART CHRÉTIEN, Études d'Esthétique et d'Iconographie, par M. le comte Grimoüard de Saint-Laurent. Magnifique édition, contenant plus de 150 gravures intercalées dans le corps de l'ouvrage et plus de 100 planches hors texte, par MM. Octave de Rochebrune, Léon Gaucherel, Giuseppe Pazzi, etc. 6 beaux volumes grand in-8°. 60 fr.

GUIDE (LA) DES SUPÉRIEURES, ou Avis à une Supérieure sur les moyens de se bien conduire dans la Supériorité et de bien conduire les autres, par Mme Fleuret, Religieuse, nouvelle édition, revue et corrigée avec soin par M. L. Berthon, 1 vol. in-18. 2 fr.

Heures des Dames de Charité et de toutes les personnes qui s'occupent des pauvres, par Mlle Blanche de Rosarnoux, approuvé par Mgr l'Archevêque de Rennes et par Mgr l'Evêque de Saint-Brieuc, 1 joli vol. in-32 jésus. 1 fr. 20

Histoire de saint Paul de la Croix, par le R. P. Louis, Passionniste, 1 vol. in-8°. 6 fr.

Histoire de sainte Radegonde, Reine de France au ive siècle et patronne de Poitiers, par M. E. de Fleury, avec portrait de la Sainte et gravures, 1 beau vol. in-8°. 3 fr.

Histoire d'Alphonse et du comté de Poitou, par M. Bélisaire Ledain, 1 vol. in-8°. 6 fr.

Historiens (Recueil des) des Gaules et de la France, commencé par les Bénédictins de la Congrégation de Saint-Maur, continué par l'Académie des inscriptions et belles-lettres, sous la direction de M. Léopold Delisle, 23 splendides volumes in-folio, imprimés sur beau papier vergé. Chaque volume. 50 fr.

Edités par V. Palmé, Imprimé par H. Oudin frères, à Poitiers.

14 volumes sont en vente.

Imitation de Jésus (de l'), par Thomas à Kempis, chanoine régulier de l'Ordre de Saint-Augustin, traduction nouvelle, avec une introduction sur la vie de l'admirable serviteur de Dieu, Thomas à Kempis, et sur son livre de l'Imitation de Jésus-Christ, par le P. Marcel Bouix, de la Compagnie de Jésus. 1 beau vol. grand in-8º, avec encadrement et gravure.   **7 fr**

La même, avec pratiques et prières, 1 vol. in-32 jésus, imprimé avec des caractères très-lisibles.   1 fr. 6l

Imitation de la très-sainte Vierge, augmentée de la Consécration au Sacré-Cœur de Jésus, de prières diverses, d'hymnes en latin et en français et des Litanies de la Passion de N.-S. J.-C., 1 vol. in-32 raisin, gros caractères.

Inventions du saint Amour, ou Exercices spirituels pour acquérir le Divin Amour de Jésus Crucifié, par le R. P. Louis Th. de Jésus Agonisant, Passionniste, 1 joli vol. in-18.   1 fr. 20

La Légitimité et le Progrès, par un économiste, 1 vol. in-8º broché.   1 fr. 50

Lettres de la Révérende Mère Marie de Jésus du Bourg, fondatrice et première Supérieure générale de la Congrégation du Sauveur et de la Sainte-Vierge, 2 forts vol. in-8º.   10 fr.

Lettres sur les prophéties modernes, et concordance de toutes les prédictions jusqu'au règne de Henri V inclusivement, par M. l'abbé E. Chabauty, chanoine honoraire d'Angoulême, curé de Saint-André de Mirebeau-de-Poitou, 2º édition, un joli volume in-12.   1 fr.

Libre-penseur et Catholique, par M. G. Andel, 1 vol. in-12. 2 fr.

Livre d'Or (le), ou l'Humilité en pratique pour conduire à la perfection chrétienne, utile à tous les fidèles, suivi de la Vie de Foi, 1 vol. in-32 carré.   30 c.

Lyre de saint Joseph, Cantiques pour le mois de mars, à deux et à trois voix, paroles par M. l'abbé E.-L. Rosière, musique par plusieurs auteurs, 1 beau vol. in-8º couronne.   3 fr.

Le même, paroles seules, 1 vol. in-18, seconde édition. 50 c.

MANUALE TOTIUS JURIS CANONICI, totius juris canonici auctore D. Craisson, quondam vicario generali RR. DD. Chatrousse, episcopi Valentinensis, 4 vol. in-12, brochés.   18 fr.

Manuel de la Confirmation, contenant l'exposé complet de la doctrine catholique sur ce Sacrement, avec la Messe du Saint-Esprit et l'ordre pour administrer la Confirmation, en latin et en français, suivi de l'explication détaillée de toutes les cérémonies, par M l'abbé Morisson, chanoine de la cathédrale de Poitiers, approuvé par S G. Mgr l'évêque de Poitiers, 1 vol. in-32 raisin.   80 c.

Manuel Eucharistique, par l'abbé P. A. L. curé doyen de S. S. 1 joli vol. in-32.   1 20.

Manuel du jeune serviteur des saints Anges, nouvelle édition, 1 beau vol. in-32 raisin.   1 fr. 20

Manuel de médecine et de chirurgie à l'usage des Sœurs hospitalières et des personnes qui visitent les malades, 2 vol. in-8°.   10 fr.

Manuel de prières à l'usage des gens du monde, par Mme la baronne Laurenceau, approuvé par Mgr l'archevêque de Bourges et NN. SS. les évêques de Poitiers et d'Orléans, un joli volume in-16 carré, tiré en caractères elzéviriens sur papier chamois ; prix, broché,   4 fr

Marie modèle de la dévotion au Saint-Sacrement, par M. M***, 1 joli volume in-32 raisin, tiré sur papier vergé teinté.   80 c

LE MARTYROLOGE ROMAIN, publié par l'ordre de Grégoire XIII (traduction française), par MM. J. Carnaudet et J. Fèvre. 1 beau volume grand in-8°.   10 fr.

Méditations sur les Évangiles de l'année et sur les Fêtes de Notre-Seigneur, de la sainte Vierge et des Saints, par le P. Médaille, nouvelle édition, 1 vol. in-32.   60 c.

MÉDITATIONS SUR LES MYSTÈRES DE LA FOI, ET SUR LES EPITRES ET EVANGILE, tirées de l'Ecriture sainte et des Pères, distribuées pour tous les jours et fêtes de l'année, par un solitaire de Sept-Fonts, nouvelle édition, revue et corrigée par M. L. Berthon, avec une table indiquant les points de chacune des Méditations, 2 vol. in-12.   4 fr.

MÉMOIRES SUR LA VIE, LES MALHEURS, LES VERTUS DE TRÈS-HAUTE ET TRÈS-ILLUSTRE PRINCESSE MARIE-FÉLICE DES URSINS, épouse et veuve du duc Henri II de Montmorency, décédée en odeur de sainteté, religieuse du monastère de la Visitation de Moulins-sur-Allier, troisième de l'Ordre, d'après les chroniques de la Visitation, par Mgr Fliche, prélat de la maison du Saint-Père, chanoine de Troyes, 2 volumes in-8°.   10 fr.

Méthode de Plain-Chant, par M. l'abbé Charbonneau, professeur au petit-séminaire de Montmorillon, publiée pour l'exécution du chant suivi dans les éditions de Rennes, adoptées dans toute la province de Bordeaux, nouvelle édition, 1 vol. in-12.   50 c.

Méthode pour converser avec Dieu, suivie du bon emploi du temps, par le P. Michel Boutault, de la Compagnie de Jésus, nouvelle édition par un Père de la même Compagnie, 1 vol. in 32.   80 c.

Metz, par M. le commandant Max Thomas, 1 vol. in-8°.   8 fr.

Le Mois de Mai sanctifié par la dévotion à la Bonne Mère, ou Marie modèle des vertus chrétiennes, avec un exemple et une prière pour chaque jour, par l'abbé Ch. Fauchereau, curé de Gizay. — 1 vol. in-24, de XII-204 pages.   1 fr.

Mois de Marie de la Très-Sainte Vierge et de la sainte Église dans les mystères divins, nouveau Mois de Marie, avec méditations exemples et pratiques, par M. l'abbé Garnié, curé de Saint-Georges, 1 joli volume in-12 broché.   2 fr. 50 c.

Fleurs (les), Mois de Marie de l'Enfance et de la Jeunesse, avec une histoire pour chaque jour, par le R. P. Fonteneau, 1 vol. in-32 raisin.

Marie modèle de la Dévotion au Saint-Sacrement, par M. M***, 1 charmant petit vol. in-32 raisin, tiré sur papier vergé teinté
80 c.

Mois de Marie (Petit), augmenté de Cantiques à la sainte Vierge, approuvé par Mgr l'archevêque de Rennes, 4e édition, 1 vol. in-32.
40 c.

MOIS DE MARIE DES VERTUS : Toutes les principales vertus chrétiennes, enseignées par d'excellents auteurs, pratiquées par Marie et par les Saints, et que nous devons reproduire en notre propre conduite, par M. l'abbé X... in-32 raisin.
1 fr.

Mort chrétienne (la), ou Moyen de s'assurer la grâce d'une bonne mort, par le R. P. Bellécius, de la Compagnie de Jésus, traduite par M. L. Berthon, chanoine honoraire du diocèse de Poitiers, 1 vol. in-12.
2 fr. 50 c.

Mot à Mot du Catéchisme, ou Explication littérale et raisonnée de la doctrine chrétienne, par M. l'abbé J.-C. Hervieu, 1 fort volume in-12.
3 fr.

Noëls (Nouveau Recueil des plus beaux), 1 vol. in-12.
50 c.

ŒUVRES DE MGR L'ÉVÊQUE DE POITIERS, nouvelle édition, 8 beaux volumes in-8° imprimés sur joli papier glacé, brochés.
56 fr.

Le tome 8e de cet ouvrage vient de paraître; il terminera la première série des Œuvres de l'illustre Prélat, embrassant vingt-cinq années de son épiscopat et contient les tables analytiques et d'Ecriture Sainte de la série entière.

Pour faciliter à MM. les ecclésiastiques l'acquisition de ce précieux ouvrage, nous leur accorderons des délais de payement exceptionnels.

Œuvres choisies du Vénérable Serviteur de Dieu Louis-Marie Baudouin, 2 vol. in-18 jésus.
6 fr.

Les Origines de l'Église romaine, par le T. R. P. Dom Guéranger, abbé de Solesmes, 1 beau vol. in-4°.
10 fr.

Ouvrier (l') dans la société chrétienne, par Alex. de Saint-Alban, étude qui, au concours de Doudeauville, a remporté le prix proposé par l'Union des Œuvres ouvrières, 1 vol. in-18; prix : 60 c.

Ouvrier (l') économiste, ou Causeries d'économie publique et de morale, par L. d'Armailhac, 1 vol. in-18.
50 c.

Politique chrétienne (la), par M. Coquille, rédacteur du journal le Monde, 1 fort vol. in-8°.
6 fr.

PRATIQUE DE LA PERFECTION CHRÉTIENNE, par le R. P. Alphonse Rodriguez, traduite de l'espagnol par l'abbé Régnier Desmarais, nouvelle édition, 4 vol. in-12.
6 fr.

Prières à Marie, exclusivement empruntées aux Saints, par la R. Mère Colombe de la Croix, 1 joli vol. in-32 raisin.
1 fr. 20

Prières et Cérémo.. e.. pour la consécration d'un évêque, in-32, broché. 30 c.

Quatre Fins de l'Homme (les), avec des Réflexions capables de toucher les pécheurs les plus endurcis et de les ramener dans la voie du salut, par **M. L.** Rouault, édition revue et corrigée par M. Collet, prêtre de la Congrégation de la Mission, 1 vol. in-32 carré. 50 c.

Recueil des prières indulgenciées à saint Joseph, contenant les Confréries établies, les Offices de l'Église célébrés en son honneur et des Prières diverses, par M. E.-L. Rosière, aumônier à Poitiers, auteur de la *Lyre de saint Joseph*, 1 vol. in-32 raisin. 2e édition. 80 c.

Religion en action (la), théâtre de la jeunesse, drames, pastorales, tragédies, comédies-vaudevilles, chants pour les distributions de prix, fêtes des supérieurs, et autres solennités, par M. l'abbé Estève, ancien aumônier du lycée de Poitiers. (V. Théâtre de la jeunesse.)

REVELATIONES GERTRUDIANÆ AC MECHTILDIANÆ.

I. — **Sanctæ Gertrudis Magnæ** Virginis Ordinis Sancti Benedicti *Legatus divinæ pietatis*. Accedunt ejusdem *Exercitia Spiritualia*. Opus ad codicum fidem nunc primum integre editum Solesmiensium O. S. B. Monachorum cura et opera.

II. — **Sanctæ Mechtildis** Virginis O. S. Benedicti, *Liber specialis gratiæ*. Accedit sororis Mechtildis *Lux fluens divinitatis*.

Deux forts volumes petit in-4°. Edition imprimée avec grand luxe sur papier vergé, en caractères elzéviriens. 40 fr.

Rituel des premières communions et Trésor des âmes pieuses dans la fréquentation des Sacrements de Pénitence et d'Eucharistie, par l'abbé J.-C. Hervieu, chanoine de Coutances et supérieur des Carmélites.
1 vol. in-18. 1 fr. 50 c.

Roi des cent rois (le), récits du temps de Jules César, par M. Arthur Ponroy, 1 vol. in-8°, broché. 6 fr.

Saint Martin et son monastère de Ligugé, par le R. P. Dom Chamard, Bénédictin de la Congrégation de France à l'abbaye de Ligugé, 1 fort vol. in-12. 3 fr.

SECRET (LE) DE MARIE DÉVOILÉ A L'AME PIEUSE, par le V. P. Louis-Marie Grignion de Montfort, 1 vol. in-18. 20 c.

Sépulture ecclésiastique (de la), d'après les SS. canons et la loi civile en France, avec trois appendices : 1° sur les indulgences *in articulo mortis* ; 2° sur les bénédictions ; 3° sur les présences ; par M. l'abbé Craisson, ancien vicaire général, in-12, broché. 1 fr. 50 c.

SOLIDE VERTU (LA), par le R.P. Bellécius, 1 vol. in-12. 3 fr.

Souvenirs de Jérusalem, par le R. P. Rigaud, Oblat de Saint-Hilaire, auteur des *Souvenirs de Rome*, 1 vol. in-18 jésus. 2 fr. 50 c.

Religion en action (la), théâtre de la jeunesse, drames, pastorales, tragédies, comédies-vaudevilles, chants pour distributions de prix, fêtes des supérieurs, et autres solennités, par M. l'abbé Estève, ancien aumônier du lycée de Poitiers.

SÉRIE A 60 CENTIMES

Moïse sauvé des eaux. — La Fille de Jephté. — Anna la prophétesse. — Les Bergères de la Palestine au temps du Messie. — Eustache, martyr. — Lucie, vierge et martyre. — Chants pour distribution de prix. — Clotilde, ou la Conversion des Francs. — Ingelburge, ou l'Épouse chrétienne. — La Vraie Religion. — Sacre de Mgr Cousseau, évêque d'Angoulême. — Azémia, ou la Charité chrétienne. — La Réparation, ou la Rencontre providentielle. — Alséna, ou la Prise de Jéricho. — Poésies diverses.

SÉRIE A 80 CENTIMES

Pélage, ou la Croix affranchie. — La Bonne Demoiselle, ou le Voyage en Terre-Sainte. — Magdalena, ou la Petite Fille corrigée. — Le double Sacrifice, ou la Vertu récompensée. — Le retour de Tobie, drame sacré en 3 tableaux in-18. — La petite Saltimbanque, en 3 actes ou tableaux.

THEOLOGIA GENERATIM COMMENTARIUS (DE), in sacram Theologiam ὁδηγός, auctore Clemente Schrœder, de la Compagnie de Jésus, ancien professeur au Collége romain, 1 beau volume grand in 8º.   6 fr.

THESES THEOLOGICÆ, quas R. P. Clemens Schrader, Societatis Jesu in Vindobonensi Academia sinopsis instar auditoribus tradidit.

—	—	Series I. 1 vol. in-4º.	2 fr. 50
—	—	Series II. Accedit de prædestinatione commentarius I. 1 vol. in-4º.	2 fr. 50
—	—	Series III. Accedit de prædestinatione commentarius II. 1 vol. in-4º.	2 fr.
—	—	Series IV. Accedit de prædestinatione commentarius III. 1 vol. in-4º.	2 fr.
—	—	Series V. Accedit de gratia actuali commentarius. 1 vol. in-4º.	2 fr. 50
—	—	Series VI. Accedit de fide utrum imperari ea possit deque libertate conscientiæ commentarius dogmaticus. 1 vol. in-1º.	4 fr.
—	—	Series VII. Accedit commentarius de hominum societate generatim. 1 vol. in-4º.	2 fr.
—	—	Series VIII. Accedit de prædestinatione commentarius IV. 1 vol. in-4º.	2 fr.

TRAITÉ DE L'AMOUR DE DIEU, par saint François de Sales, évêque et prince de Genève, édition revue et publiée par le P. Marce. Bouix, de la Compagnie de Jésus, 1 vol. in-18 jésus.
                     2 fr. 50 c.

Traité de l'éducation chrétienne des enfants, composé, à la demande de saint Charles Borromée, par le Cardinal Sylvio Antoniano, traduit de l'italien par Ph. Guignard ; ouvrage honoré d'un Bref de Sa Sainteté Pie IX, approuvé et recommandé par NN SS. les archevêques et évêques d'Avignon, Sens, Montauban, Moulins, Dijon, Poitiers, Arras et Bruges ; 2e édition, 1 fort vol. in-12. 3 fr.

TRAITÉ DE LA VIE SPIRITUELLE, par le B. Vincent Ferrier, de l'Ordre des Frères-Prêcheurs, avec des commentaires sur chaque chapitre par la M. Julienne Morell, Religieuse du même Ordre. Nouvelle édition par le R. P. Matthieu-Joseph, des Frères-Prêcheurs, 1 beau volume in-32 jésus. 2 fr.

TRAITÉ DE LA VRAIE DÉVOTION A LA SAINTE VIERGE, par le vénérable serviteur de Dieu Louis-Marie Grignion de Montfort, instituteur de la Congrégation de Marie et de celle des Filles de la Sagesse, ouvrage publié par les soins d'un Directeur du Séminaire de Luçon, 1 volume in-18, 7e édition. 1 fr.

Usages du monde (les), ou ce qui s'observe dans la bonne compagnie, par M. Bourgeau, 1 vol. in-18 raisin. 1 fr.

VIE (DE LA) ET DES VERTUS CHRÉTIENNES CONSIDÉRÉES DANS L'ÉTAT RELIGIEUX, par M. l'abbé Charles Gay, chanoine théologal et vicaire général de Poitiers, supérieur de plusieurs communautés religieuses. Ouvrage approuvé par Mgr l'Evêque de Poitiers et recommandé par Nosseigneurs les Archevêques de Malines, de Tours, de Perga (coadjuteur de Son Eminence le cardinal Archevêque de Bordeaux), de Bourges, et les Evêques de Tulle, de Mende, de Saint-Claude, d'Angers, d'Autun, de Moulins et d'Hébron (vicaire apostolique de Genève), 2 beaux volumes grand in-8º, édition de luxe sur papier vergé. 12 fr.

Le même, cinquième édition, enrichie de Tables analytiques, 3 beaux volumes in-12. 10 fr. 50

VIE DE SAINT JOSAPHAT KUNCEWICZ, archevêque de Polock du rite grec, et l'Egilse grecque en Pologne, par le R. P. Dom Guépin, Religieux bénédictin de la Congrégation de France, 2 vol. grand in-8°. 12 fr.

Vie de saint Paul de la Croix, par le R. P. Louis, Passionniste, 1 beau vol. in-8º, avec portrait du Saint. 6 fr.

Vie de saint Turibe, archevêque de Lima et apôtre du Pérou, par le R. P. Dom Bérengier, moine bénédictin de la Congrégation de France, 1 fort vol. in 12. 2 fr. 50

Vie du R. P. Charles-Isidore Baizé, Supérieur de la Congrégation des Enfants de Marie-Immaculée, du Petit-Séminaire de Chavagnes-en-Paillers (Vendée), approuvé par S. G. Mgr l'évêque de Luçon, 2 vol. in-18 jésus. 4 fr.

Vie du vénérable serviteur de Dieu Louis-Marie Baudouin, fondateur de la Société des Enfants de Marie-Immaculée et de celle des Ursulines de Jésus dites de Chavagnes. par un Père de la Société des Enfants de Marie-Immaculée, approuvé par S. G. Mgr l'Évêque de Luçon, 1 fort volume in-12.　　2 fr. 50

Vie du bon Père André-Hubert Fournet, fondateur et premier supérieur général des Filles de la Croix dites Sœurs de Saint-André, par le R. P. Rigaud, 1 vol. in-18 jésus.　　3 fr.

Vie du Père Henri-Adolphe Gaillard, fondateur de la Congrégation des Filles de Sainte-Philomène et de la colonie agricole de Salvert, par le R. P. Rigaud, Oblat de Saint-Hilaire, chanoine de Poitiers, un beau volume in-12.　　2 fr.

VIE DU VÉNÉRABLE LOUIS GRIGNION DE MONTFORT, fondateur des missionnaires de la Compagnie de Marie et des Filles de la Sagesse, par M. l'abbé Pauvert, curé de Saint-Jacques de Châtellerault, chevalier de la Légion-d'Honneur, un fort vol. in-8°.　　6 fr.

Vie de Henri Dorie, prêtre de la Société des Missions-Étrangères, décapité pour la foi en Corée, le 8 mars 1865, écrite par l'abbé Ferdinand Baudry, correspondant du ministère pour les travaux historiques. 1 joli vol. in-18 jésus, avec titre rouge et noir, et orné du portrait du Martyr.　　2 fr.

VIE ET CORRESPONDANCE DE J. THÉOPHANE VÉNARD, prêtre de la Société des Missions-Etrangères, décapité pour la foi au Tong-King le 2 février 1861, avec portrait et *fac-simile* de son écriture, augmenté du discours d'anniversaire prononcé à Saint-Loup par Mgr l'Evêque de Poitiers, 2e édition, 1 vol. in-18 jésus.　　2 fr. 50

Vie de la Bonne Sœur Elisabeth (Jeanne-Marie-Lucie Bichier des Ages), fondatrice et première Supérieure Générale des Filles de la Croix dites Sœurs de Saint-André, par le R. P. Rigaud, Oblat de Saint-Hilaire, chanoine honoraire de Poitiers, auteur des *Souvenirs de Rome* et des *Souvenirs de Jérusalem*, 1 vol. in-18 jésus, avec portrait de la Bonne Sœur.　　3 fr.

Vie de la Révérende Mère de Trenquelléon, fondatrice et première Supérieure de l'Institut des Filles de Marie, avec ses Avis spirituels et ses Lettres, par un Bénédictin de la Congrégation de France, 1 beau vol. in-18 jésus.　　2 fr. 50

Vie des Saints, suivant le Missel et le Martyrologe romain, pour tous les jours de l'année, avec une Prière et des Pratiques pour chaque jour et des Instructions sur les Fêtes Mobiles. — Nouvelle édition entièrement refondue et considérablement augmentée, approuvée par S. G. Mgr l'Evêque de Poitiers, 1 vol. in-12.　　1 fr. 80

Vie des Saints de l'Eglise de Poitiers, avec des Réflexions et des Prières à la fin de chaque Vie, par l'abbé Auber, chanoine de Poitiers, historiographe du diocèse, 1 vol. in-32 raisin　　80 c

Visites au Saint-Sacrement et à la sainte Vierge, par saint Liguori, suivies de Pratiques pour les Visites, d'Aspirations affectueuses à Jésus Christ, de Méditations et de Prières à la sainte Vierge, nouvelle édition complète, 1 vol. in-32 raisin, gros caractères.　　1 fr.

COLLECTION DE BONS LIVRES

POUR LA JEUNESSE ET LES BIBLIOTHÈQUES PAROISSIALES.

———

Actes de la Captivité et de la mort de cinq Pères de la Compagnie de Jésus, par le R. P. de Ponlevoy, 1 vol. in-12. **2 fr.**

AIMÉE, par Henri de Croisy, in-12. **2 fr.**

Banque du Diable (La), par E. de Margerie, in-12. **2 fr.**

Berthilde, ou les Origines chrétiennes de la France, par Hte d'Arvoir. in-12. **2 fr.**

Capitaine Gueule d'Acier, par Ch. Buet, in-12. **2 fr.**

CAUSERIES, par Mlle Thérèse Alphonse-Karr, ancienne directrice du *Conseiller des Familles,* 1 joli volume iu-48 jésus. **2 fr.**

Château de S. Hippolyte, par E. de Margerie, in-12. **2 fr.**

Les Emigrés, humaine comédie, poëme par M. E. de Fleury, ancien Recteur départemental, inspecteur honoraire d'Académie, officier de l'instruction publique. **3 fr.**

Enfants Nantais, par G. d'Ethampes, in-12. **2 fr.**

Eugène Ricci, élève du collége des Nobles à Rome et de l'école Sainte-Geneviève à Paris, élève de l'école des Mines, Jésuite, par le P. M. G. V. Delaporte, un beau vol. in-48, sur papier teinté. **1 fr. 50**

EVEN LE MONADICH, par Mademoiselle Gabrielle d'Ethampes, in-12. **2 fr.**

LA FAMILLE DANGLAS, par H. de Croisy, in-12. **2 fr.**

Gentilshommes de la Cuiller (Les), roman historique, par Charles Buet. 1 vol. in-12. **2 fr. 50**

Guérison de Caroline Esserteau, Pèlerinage Niortais des 2 et 3 juillet 1873 à N.-D. de Lourdes. Relation adressée à S. G. Mgr l'Evêque de Poitiers par le Président du Pèlerinage. 1 vol. in-12, 2e édition. **1 fr. 50**

HENRIETTE, étude de mœurs, par H. de Croisy, 1 volume in-12. **2 fr**

Histoire de la conquête du Mexique, par Antonio de Solis. Traduite de l'espagnol par M. de Toulza, avec carte, introduction et notes. 3 vol. in-12. **3 fr. 50**

L'Hôtellerie du prêtre Jean, par Ch. Buet, 1 vol. in-12. **2 fr.**

IRÈNE, par Etienne Marcel, 1 joli vol. in-18 jésus.

Ivan le terrible, roman historique russe, traduit par le prince A. Galitzin. 1 vol. in-12. 3 fr. 50

Ivanhoé de Walter Scott, par Jumin, in-12. 2 fr.

Landry, par Raoul de Navery, in-12. 2 fr.

Légendes de l'atelier (Les), par Maurice Le Prévost. 1 vol. in-12. 1 fr.

Le Sueur (Eustache), par M. L. Vitet, de l'Académie française. 1 vol. in-12. 1 fr.

Lettres à un jeune homme, par E. de Margerie, in-12. 2 fr.

Lingots d'argent (Les), par Mendoza de Vivès. Traduit de l'espagnol par M. J. Turck. 1 vol. in-12. 80 c.

Lutins Norwégiens, par Mme L. Rousseau. in-12. 2 fr.

Madeleine Miller, par R. de Navery, in-12. 2 fr.

LE MARI DE LAURENCE, par Mme Claire de Chandeneux, 1 vol. in-12. 2 fr.

Marie la Muette, par G. d'Ethampes, in-12. 2 fr.

Marquis de Montcalm, par le R. P. Martin, de la Cie de Jésus, in-12. 2 fr.

35 Martyrs du Japon (Les 205), béatifiés par Pie IX en 1867. Notice par le P. Buéro, de la Compagnie de Jésus ; traduction du P. Aubert, de la même Compagnie. 1 vol. in-12. 1 fr.

Mémoires d'un enfant pauvre, par N. Noble. in-12. 2 fr

Mémoires de Madame la Marquise de la Rochejacquelein 2 volumes in-12 ornés de gravures et de portraits. 6 fr

Metz, par M. le commandant Max Thomas. 1 vol. in-8°. 2 fr.

Moines en Gaule (Les), par M. le comte de Montalembert, de l'Académie Française. 1 vol. in-12. 1 fr.

Morale chrétienne expliquée par un père à ses enfants, par M. Mignard. in-12. 2 fr.

Mouette des rochers et Marc, par Mademoiselle le Bourgeois. in-12. 2 fr.

Ouvrier (L') vendeen, par Paulin. in-12. 2 fr.

Du Pape, par de Maistre. in-12. 2 fr.

Paul et Cécile, par Charles Dubois. in-12. 2 fr.

Paul et Jeanne, par le même. in-12. 2 fr.

La Petite Concierge, par Mlle Monniot, 1 vol. in-12. 2 fr. 50

Philosophie du Ruisseau (La), par M. Maurice Le Prévost. 1 vol. in-12. 1 fr.

Piété éclairée (La), par le R. P. Cotel , de la Cie de Jésus. In-12.   3 fr.

Proscrit de Corinthe, par J. Oct. Guilmot..in-12.   2 fr.

Pupille du Docteur (La), par Mlle Gabrielle d'Ethampes. 1 vol. in-12.   2 fr.

Rameur de Galères (Le), Épisode de la vie de saint Vincent de Paul, par Raoul de Navery. 1. vol. in-12.   2 fr.

RÉCITS DE HENRI AUX JEUNES GENS, par H. de Croisy. 1 joli vol. in-18 jésus.   2 fr.

Roi des cent rois (Le), récits du temps de Jules César, par M. Arthur Ponroy, 1 vol. in-8º, broché.   6 fr.

ROMAN INTIME (Le), étude d'âme, par Henri de Croisy, 1 joli volume in-18 jésus.   2 fr.

Rue des Poivriers (La). Récit du temps de la Commune, par E. de Margerie, in-12.   2 fr.

Saint Martin et son monastère de Ligugé, par le R. P. Dom Chamard, Bénédictin de la Congrégation de France à l'abbaye de Ligugé, 1 fort vol. in-12.   3 fr.

Solitude avec Jésus,   2 fr. 50

Souvenirs de guerre et de captivité : France et Prusse, par le même. 1 vol. in-12.   2 fr.

SOUVENIRS DE JERUSALEM, par le R. P. Rigaud, Oblat de Saint-Hilaire , auteur des *Souvenirs de Rome*, 1 vol. in-18 jésus.
                                                           2 fr. 50

Souvenirs religieux et militaires de la guerre de Crimée, par le R. P. de Damas , de la Compagnie de Jésus, 3º édition augmentée. 1 vol. in-12.   2 fr.

Témoin du meurtre, par R. de Navery, in-12.   2 fr.

Trésor de Bassus, par Oct. Guilmot. in-12.   2 fr.

Trois nouvelles, par M. de Riverolle. in-12.   1 fr.

Les Trois Vœux, par Etienne Marcel, 1 vol. in-12.   2 fr.

Les Tuteurs d'Odette, ou la **Famille et le Monde**, par le même, 1 vol. in-12.   2 fr. 50

Un Monsieur, ou la **Campagne et la Ville**, par Et. Marcel, 1 vol. in-12.   2 fr.

Un noble cœur, par Etienne Marcel, 1 vol. in-12.   2 fr.

Une famille bretonne, par Mlle Fleuriot, 1 vol. in-12, orné de 4 gravures.   3 fr.

Veillées du patronage (Études populaires), par Mme Bourdon. 1 vol. in-12.   2 fr.

Vie (la) **en famille**, par Mlle Fleuriot, 1 vol. in-12.　　2 fr.

Vie réelle (la), par Mme Bourdon, 1 vol. in-12, broché.　　2 fr.

Vie de saint Turibe, archevêque de Lima et apôtre du Pérou par le R. P. Dom Bérengier, moine bénédictin de la Congrégation de France, 1 fort vol in-12.　　2 fr. 50

Vie de Sainte Germaine, bergère de Pibrac, suivie d'une neuvaine de prières et de quelques chants en son honneur, par un Père de la Société de Marie, avec l'approbation de Mgr l'évêque de Luçon, 2e édition in-18.　　80 c.

Vie de Henri Dorie, prêtre de la Société des Missions-Etrangères, décapité pour la foi en Corée, le 8 mars 1865, écrite par l'abbé Ferdinand Baudry, correspondant du ministère pour les travaux historiques, 1 joli vol. in-18 jésus, avec titre rouge et noir, et orné du portrait du Martyr.　　2 fr.

Vie du bon Père André-Hubert Fournet, fondateur et premier supérieur général des Filles de la Croix dites Sœurs de Saint-André, par le R. P. Rigaud, 1 vol. in-18 jésus.

Vie du Pere Henri-Adolphe Gaillard, fondateur de la Congrégation des Filles de Sainte-Philomène et de la colonie agricole de Salvert, par le R. P. Rigaud, Oblat de Saint-Hilaire, chanoine de Poitiers, un beau volume in-12.　　2 fr.

Vie et correspondance de J. Théophane Vénard, prêtre de la Société des Missions-Etrangères, décapité pour la foi au Tong-King le 2 février 1861, avec portrait et *fac-simile* de son écriture, augmenté du discours d'anniversaire prononcé à Saint-Loup par Mgr l'Evêque de Poitiers, 2e édition, 1 vol. in-18 jésus. 2 fr. 50.

Vie de la Bonne Sœur Elisabeth (Jeanne-Marie-Lucie Bichier des Ages), fondatrice et première Supérieure Générale des Filles de la Croix, dites Sœurs de Saint-André, par le R. P. Rigaud, Oblat de Saint-Hilaire, chanoine honoraire de Poitiers. auteur des *Souvenirs de Rome* et des *Souvenirs de Jérusalem*, 1 vol. in-18 jésus, avec portrait de la Bonne-Sœur.　　3 fr.

Vie de la Révérende Mère de Trenquelléon, fondatrice et première Supérieure de l'Institut des Filles de Marie, avec ses Avis spirituels et ses Lettres, par un Bénédictin de la Congrégation de France, 1 beau vol. in-18 jésus.　　2 fr. 50

Vie des chrétiens illustres, depuis la prédication des apôtres jusqu'à l'invasion des barbares, par M. Marty, ancien recteur d'Académie. 5e édition. 1 vol. in-12.　　2 fr.

Lecture des plus attrayantes, et véritable modèle d'hagiographie populaire.

Vie des saintes et des bienheureuses, pour tous les jours de l'année, par Collin de Plancy. 2 volumes in-12.　　4 fr.

VISIONS D'OR (Les), suivi de Madeleine de Payseran, Régine,
Testament de ma tante, par Claire de Chandeneux, 1 joli volume
in-18 jésus.   2 fr

Vraies Perles (Les), par Mme Lesguillon. In-12.   2 fr

YVA ET YVETTE, par Gabrielle d'Ethampes, 1 joli vol. in-18
jésus.   2 fr

POITIERS. — TYPOGRAPHIE H. OUDIN FRÈRES.

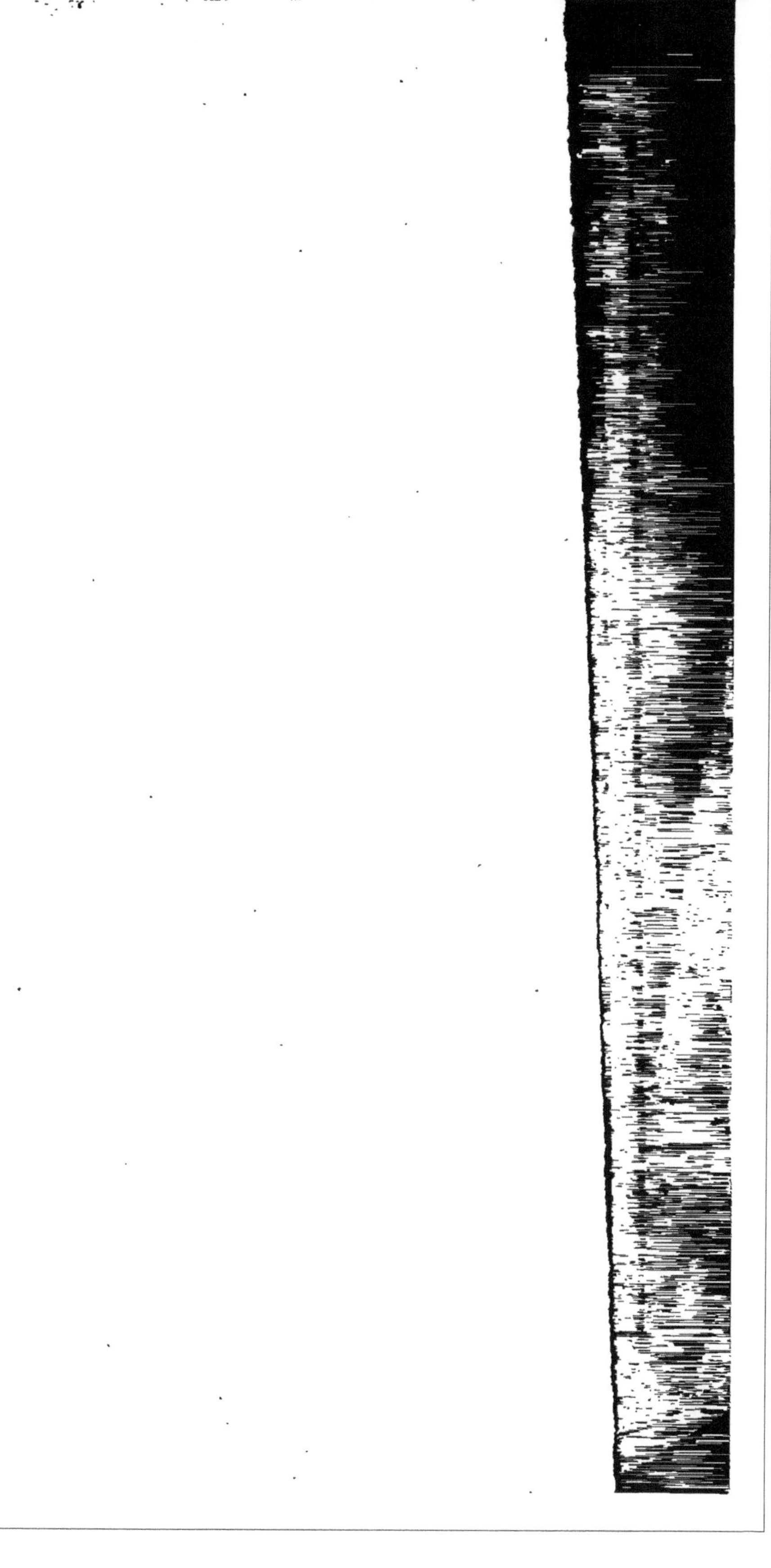